一片冰心《いっぺんひょうしん》

谷垣禎一回顧録

谷垣禎一・著

聞き手：水内茂幸、豊田真由美（産経新聞）

刊行によせて

谷垣禎一《さだかず》元自民党総裁が政界を引退してから六年半が過ぎた。谷垣氏は議員バッジを外してしまったが、今ほど、自民にとって、往時の復活劇の原動力となった「谷垣イズム」が求められるときはないのではないか。

自民は現在、政権復帰した二〇一二年以降で最も深刻な危機に瀕《ひん》している。派閥《はばつ》のパーティー収入不記載事件は東京地検特捜部の大規模な捜査を招き、大半の派閥が解散に追い込まれる事態に発展した。最大派閥だった清和政策研究会（安倍派）を中心に複数の議員や秘書が続々と立件され、岸田文雄内閣の支持率だけでなく、堅調だった自民の政党支持率まで急落した。

本来は、膿《うみ》を出し切ったうえで、党が一丸となって再生に取り組むべき局面だ。しかし、現執行部は次の自民総裁選もにらみながら疑心を募らせあい、中堅・若手はそんな幹部らを陰でののしっている。日本の舵《かじ》を取るべき政権与党は、ガバナンスが効かず、バラバラ状態というありさまだ。

「自民はなぜ、十五年前に政権を手放すことになったのか。苦しい野党時代にどんな目に遭《あ》い、国民の信頼を取り戻すためにどんな努力を重ねたのか。その記憶が薄れているのではないか」

谷垣氏に三月初旬、今の自民の窮状をどう思うか尋ねると、苦笑いを浮かべながらこんな答えが返ってきた。

二〇〇九年九月、谷垣氏は野党としては久々の自民総裁に就任した。当時の自民は一年前後で官邸を去らざるを得ない首相を三代続けて出してしまい、衆院選で大敗した直後。党職員の給与にも困る状況だった。谷垣氏自身も「十年程度は野党だと思った」と振り返る。

ここから三年三カ月間で政権を取り戻すことができたのは、民主党政権の体たらくもあったが、奇をてらわず、仲間を大切にし、国民の信頼を取り戻すためにコツコツと地道な活動を続けた谷垣氏の党運営があったからに他ならない。

首相経験者にも頭を下げ、国民と少人数で対話する「ふるさと対話」に何度も参加してもらったり、「自民党とは何か」という根源論を問い直す議論に、党所属の全議員が連日参加できる環境を整えたり。こうしたことが、党が長年大切にしてきた「寛容な保守」という精神の再確認にもつながり、バラマキが目立つ民主党政権への対立軸となる

「自助・共助・公助」というスローガンに結びついた。

党内は再び結束力を取り戻し、わずかな離党者は出たが、党が大きく割れるような事態にはならなかった。一連の過程は、単に自民党という一団体の蘇生《そせい》にとどまらず、日本の政治が、どこかの国のようなポピュリズム型に陥らずに済んだ一因にもなっただろう。

本書は、そんな谷垣氏の信条がどのように育まれていったのか探るため、氏の人生を出生から現在までたどっていく実験本でもある。谷垣氏に関する著書がこれまでほとんど世に出なかったことを考えると、戦後から現代までの日本政治史の一端を記す貴重な証言集ともいえる。

本書は、二〇二二年四月に、産経新聞朝刊にて連載した谷垣氏のインタビュー「話の肖像画」を大幅に加筆したものだ。さらに、今回の不記載事件に関する思いや派閥解体の動き、現下の自民党へのメッセージ、ロシアのウクライナ侵略を中心とした直近の国際情勢などをテーマに改めてインタビューを行い、書き下ろしとして加えた。

「話の肖像画」の取材では谷垣氏の自宅に数カ月にわたって通い、陸軍中将だった祖父、影佐禎昭《かげささだあき》から一字を取って「禎一」と命名された誕生時から意外と奔放《ほんぽう》だった学生時代、父の跡を継がず弁護士として生きていくつもりだった往時のことなどを尋ねた。

師匠である加藤紘一《こういち》元幹事長とは薫陶《くんとう》を受けただけでなく相反したことや、野党総裁となった後、東日本大震災の発生時に当時の菅《かん》直人首相から大連立を持ち掛けられながら断った理由、さらには法相として死刑執行の署名をする前に死刑囚の人生を丹念に再検証したことなど、初めて語ることも多かった。

二〇一六年に自転車事故を起こした後、リハビリにどう臨んだのかを詳述する場面では、人間くさい谷垣氏の一面に触れることもできる。

首から下が不自由になるという重傷を負ったことには違いない。しかし、リハビリ病院でさまざまな人に向ける観察眼や、九十歳の女性に「自助」の大切さを感じるいぶりなどに悲壮感はなく、どこか軽やかですらある。自らの体を実験台のようにして、楽しみながらリハビリに取り組むエピソードは、聞いている方も楽しく、前向きな気持ちにさせてくれる。

本書には、野党総裁時代、幹事長や副総裁として谷垣氏を支えた大島理森《ただもり》元衆院議長や、財務官僚時代に谷垣氏に厚い手紙を送り、自民の衆院議員へと転身した小林鷹之元経済安全保障担当相との対談も、それぞれオリジナルコンテンツとして収録した。

大島氏との対談では、対話を通じて合意形成を図っていく議会政治の大切さや、東日本大震災時に、大連立を持ち掛けてきた菅氏をどのように評価したかなど、政治史的にも重要な証言が多い。

次世代のホープとして注目される小林氏とは、今の自民党が何をしなければならないのか、率直に意見をぶつけ合ってもらった。谷垣氏が野党時代に編み直した保守論や、少子高齢化が加速する日本で、これからどのように成長を図っていくのかについても、骨太な議論に仕上がったと思う。

谷垣氏は、評判通り誠実でまじめ。同時に、実に人間くさく、しなやかな人でもある。学生時代は自由奔放に生きたというが、インタビューを振り返ると、当時知的好奇心のおもむくまま雑多に見聞きした知識や経験が、骨太の教養と人間観察眼を育んだことがわかる。

自民の過去の再生劇は、繰り返すが、これを源流にした谷垣氏の人間性によるところも大きかった。本書を通じ、自民を立て直した「谷垣イズム」が、危機に苦しむ日本政治の良薬となって届くことを期待したい。

二〇二四年五月　産経新聞　水内茂幸、豊田真由美

目次

第二章 花も嵐も踏み越えて——日本の戦後と政治人生の始まり（一九四五～一九九九）……61

序　章

政治不信にどう向き合うか

サイクリングウエアを身にまとう谷垣氏（2024年3月、都内の自宅にて）

野党時代を思い出せ

《自民党の屋台骨が揺らいでいる。党内派閥の政治資金パーティー収入不記載事件で現職国会議員が相次いで立件され、清和《せいわ》政策研究会（安倍派）をはじめとする党内の四派一グループが解散。岸田文雄内閣の支持率は各種世論調査で軒並み過去最低を更新し、自民の政党支持率との和が五十％を下回る調査も出てきた。青木幹雄《みきお》元参院議員会長が経験則から唱えていた「青木の法則」では、内閣支持率と与党第一党の政党支持率の合計値が「五十」を割ると、政権運営はほどなく行き詰《づ》まるとされる。岸田首相（党総裁）は二〇二一年十月の政権発足以来、最も厳しい局面を迎えている》

有権者が厳しい目でごらんになっていることは間違いありません。自民党の政治や岸田政権に対する国民の信頼が揺らぎ、それが支持率にも現れています。現役の政治家の方々には、とにかく全力を挙げて乗り越えていただかなきゃいけない。国民が納得するような、腑《ふ》に落ちるような対応が大事だと思います。

平凡な言葉ですが、初心に帰るというか、原点に立ち返ってみることも大切でしょう。

自民党は過去にも「政治とカネ」の問題などで国民の信頼を失ったことが何度かありました。そのとき信頼回復に向けて一生懸命やった議論を、ときどき真剣に振り返ってみる必要があると思います。後になって振り返れば、ピントがずれている点や、不十分な点もあるかもしれない。そこは変えればいい。大事なのは、当時の反省を忘れないことです。

下野時代にやった議論も、忘れられつつある感じがします。政権奪還から十二年もたつと、気が緩んでくるのでしょう。「選挙に負けて政権を失うかもしれない」という緊張感があれば引き締まるのでしょうが、野党もぴしっとしない。そういう中では、自民党におごりも生じやすい。気を付けなければならない時期だと思います。

《二〇二四年三月の党大会で、首相は信頼回復に向けた党改革・政治改革を断行する決意を表明。自らを含む党幹部が全国に足を運び、有権者との「車座対話」も行っていく考えを示した。〇九年に自民党が十六年ぶりに下野した際、政権復帰に向けて始めた「ふるさと対話集会」をほうふつさせる》

野党時代のふるさと対話のように、有権者の中にもう一回、徹底的に入っていって、少人数で議論をしてみてはどうかと思っていました。有権者を大勢集めて大演説を打《ぶ》つのではなくね。有権者と話すこと自体、政治家の通常の仕事の一つですから、これまでやってこなかったとは思いませんが、もう一度初心に帰って謙虚に取り組んでみるといいのではないでしょうか。

今回のような緩みや腐敗を乗り越えていくための一つの仕組みとして「政権交代可能な二大政党制」があり、日本の政治もその実現を目指しましたが、今もできているとはいえませんね。もちろん、与党・自民党にとっては政権交代は起きてほしくないことですが、国民の信頼を失えば他党に取って代わられるかもしれないという緊張感はあったほうがいい。

これは戦後日本の政治体制の課題でもありました。自民党は五五年体制の中で、長い間、単独で政権を握ってきた政党です。冷戦中は、お隣の朝鮮半島が二つに割れ、中国も大陸と台湾、ベトナムも北と南に分かれる中、日本は米国を中心とする資本主義陣営に加わる選択をしました。そういう中で、国内では右と左でしょっちゅう政権を入れ替えているというわけにはいかない。当時、政権交代を起こすのは、そう簡単なことではありませんでした。

一九八九年に冷戦が終結すると、今度は新しい政治をつくり、政権交代可能な政治体制にしていこう、それによって日本の政治も腐敗を乗り越えていこうというストーリーができました。目指した方向性は間違っていなかったのでしょうが、その後、果たしてそれがうまくいったかといえば、あまりうまくいきませんでしたよね。

二〇二二年にロシアがウクライナを侵攻し、国際情勢が再び大きく変化しています。これまで国際社会の平和維持に役割を果たしてきた国連安全保障理事会は、今度の戦争で常任理事国同士が対立し、機能不全に陥っています。「政権交代可能な二大政党制」の背後にあるストーリーが今、また変わってきているわけです。国内政治の腐敗に対応する手段としては同じでも、今後の国際情勢に対してはどうか。国内外の状況を踏まえて、もう一回、考えてみなければならないでしょう。

派閥に代わる仕組みづくりを

《二〇二四年一月、岸田文雄首相（党総裁）は自らも会長を務めた宏池会《こうち》の解散を検討していると表明した。自民党の派閥の政治資金パーティー収入不記載事件で国民の不信

感が高まる中、総裁派閥が率先して「派閥解消」へ動いた形となり、清和政策研究会、志帥《しすい》会（二階派）、近未来政治研究会（森山派）、有隣《ゆうりん》会（旧谷垣グループ）も相次いで解散を決定。四月には平成研究会（茂木《もてぎ》派）も解散を決め、六派一グループあった党内の派閥・グループは雪崩《なだれ》を打つように解消に向かい、残ったのは志公《しこう》会（麻生《あそう》派）の一派だけとなった》

派閥活動については、自民党が二〇一二年に政権復帰したときにも、ある程度遠慮しようという動きが党内にありました。しかし、野党が分裂して「一強多弱」のような状態になり、自民党に緊張感を持たせるほどの対抗勢力は見当たらなくなってしまった。こうなったら、自民党の各派でそれぞれ領袖《りょうしゅう》をつくって切磋琢磨《せっさたくま》させるより仕方がないと思いました。それから十数年たち、ちょっと姿勢が高くなり過ぎたということなのかもしれません。今度は政治資金の問題をきっかけに、やっぱり派閥はやめようということになったわけですね。

派閥をなくすといっても、どういうふうにやるのかわからないけど、解体するというのであれば、従来の派閥が果たしてきた機能を他のどんな仕組みで働かせるのか、考えなければならないでしょう。党内にガバナンスを効かせる、若手議員を教育する、希望のポストに就けるよう働きかける……。次の総裁選で誰を推すかということも、必ず起きてきます。

その新しい仕組みを、党がうまくつくれるのか。党所属国会議員が五十人ぐらいの政党ならともかく、自民党には衆参両院で四百人近い議員がいるわけですから、党だけで全員と意思疎通するのは大変ですよね。党の責任者は幹事長ですが、幹事長には他の仕事もあり、全部責任を持たせるというわけにもいかないだろうと思います。人事部門の責任者も肩の荷が相当重くなるでしょう。

そういったことを考えると、従来の派閥に代わる新しい仕組みをつくるのは、そう簡単ではない。これは主として現役が考えることですがね。

《自身は宏池会出身。初当選した一九八三年から、野党時代の党総裁を退任した二〇一二年まで身を置いた。有隣会は同年、宏池会に所属していた一部議員を中心に結成されたグループだ》

私はもともと宏池会で育った人間ですから、宏池会の先輩にはいろいろと指導してもらいました。例えば、若手のころ、派の先輩だった加藤紘一元幹事長に教えられたことの一つは、自分よりも当選回数が一回多いぐらいの、見どころのある先輩の行動を注視することでした。加藤さんにとっては藤波孝生《たかお》元官房長官がそういう存在で、私にも「藤波さんがやっている勉強会には行っておけ」と言っていました。

「いいか、谷垣。首相になるような大先輩に憧れるのもいいが、自分より少し当選回数が上の、立派だなと尊敬できる先輩を探すことも大事だ。政界では海千山千が出会って厳しいことも起こる。さあ、どう行動しようかと迷ったときに、その少し上の先輩がどう行動するのか、よく見ておくんだ。そういうのはすごく役に立つんだぞ」

加藤さんの話を聞きながら「俺にとっては誰かな。保利耕輔《ほりこうすけ》さんなんかは立派な人だよな」などと考えていたら、加藤さんが言い当てるように「お前の場合でいえば、例えば保利耕輔みたいな人間だ」と続けて、非常に驚いたのを覚えています。それ以来、私は保利文相の行動をずっと見ていました。

他にも、党内の政策議論についていけなかったときに、その分野に詳しい宏池会の先輩に丁寧に教えてもらって、「ああ、そういうことだったのか」と初めて理解するとか、そういう経験はいくらでもあります。

べつに派閥の中でなくても教わることはできるかもしれませんが、一緒に行動する機会が多ければ教えてもらう機会も多くなるし、ちょっと困ったときに「先輩はどうしているんだろう」と気軽にたずねられるのは、若手にとってありがたいですよね。そういうきめ細かい教育環境を党だけで整えるのは、なかなか難しいでしょう。年寄りが昔のことばかり言ってもいけませんが……。

《宏池会をめぐっては、源流を同じくする志公会、有隣会との二派一グループが結集する「大宏池会構想」が度々《たびたび》取り沙汰されてきた。実現すれば、最大派閥だった清和研と比肩する勢力になるはずだった。志公会会長の麻生太郎副総裁はこの二大派閥による「疑似政権交代」が持論だが、宏池会、有隣会、清和研がいずれも解散し、大宏池会構想の実現は一層難しくなったようにみえる》

自民党は一九五五年に、自由党と日本民主党という二つの保守系勢力が合併してできた政党です。両党それぞれに、自分たちの原点なり発想があったわけです。それから七十年近くたって、今もその原点を全部持っているとはいえないかもしれません。新しくできた派閥もありました。

しかし、そういう自民党の成り立ちが、党内に多様性を生み、新陳代謝をもたらし、緊張感を持続させるといった、非常にいい作用を働かせることもあったと思います。思想集団のような派閥、野武士集団のような派閥、いろんな派閥があって、それぞれに個性や特長がありました。近年では薄れてきていましたけど、今も全く残っていないというわけではない。だから、そういうものも含めて全部派閥をなくしてしまうことには、若干の寂しさを感じるんですよね。

そういうこともあって、大宏池会構想のような発想も、自民党の多様さや柔軟さを示すには必要ではないかというのが、私の考え。主流派が緩んできたら、非主流派の新しいリーダーが現れて立て直していく。そういう手法を考える局面は依然あるでしょう。タカとハトといってもいいかもしれない。異なる勢力が「振り子の論理」でやっていくことは必要だろうと思います。野党がなかなか、ぴしっとしないのでね。

巨大派閥とカネ

《自民党の派閥の政治資金パーティー収入不記載事件で不記載額が最も多かったのが、最大派閥だった清和研だ。二〇二二年までの五年間で総額六億七千万円余りのパーティ

―収入を収支報告書に記載せず、所属議員にキックバック（還流）していた。会長だった安倍晋三元首相の指示でいったんは還流の廃止が決まったが、同年七月に安倍氏が亡くなると還流が再開された》

安倍派には百人近い議員がいましたよね。四十～五十人程度ならともかく、あれだけ人数がいると、統率がきかなくなっていた部分もあるのかなとは思います。安倍さんという絶対的な力だけを頼りに入会した若手も多かったから、あんまり後輩議員に教えない先輩方もいたかもしれません。

私自身はそんなに大きな派閥に属したことがないからわかりませんが、派閥として機能を発揮してやっていけるのは、従来のやり方でも五十人ぐらいが限界ではないでしょうか。派閥は百人を超えると割れるといいます。木曜クラブ（田中派）が分裂して経世《けいせい》会（竹下派）ができたとか、過去の実例もありますよね。やっぱり百人規模だと過大になってしまって、マイナスの面が出てくる気がするのです。

それを実際にまとめていこうとすると、相当な知恵と腕力がなければいけない。知恵と腕力だけじゃなく、カネも必要かもしれないということになってくるのでしょう。今回岸田文雄首相（党総裁）は派閥解消によって党全体をまとめ、この事件を乗り越えようとしているけれど、安倍派はある意味で、派閥がなくなった自民党の姿の走りだったのかもしれません。それだけ、集団のガバナンスは難しいということです。

《今回の不祥事をきっかけに注目されたのが、リクルート事件などの汚職を受けて一九九五年に導入された政党交付金だ。「政党の政治活動の健全な発達の促進を図る」のを目的とし、企業・団体からの政治献金の受け取りを制限する代わりに、公金で政党活動を支援する仕組み。制度に反対する共産党は受け取っていない。一部野党は政党交付金による助成があることを理由に、政治資金パーティーの全面禁止などを主張している》

「政党助成制度を導入したのだから企業などから政治資金を受けるのはおかしい」という議論がありますが、それは違うんじゃないか。政党交付金の財源は、国民からいただいた税金です。本来、共産党の支持者が納めた税金が自民党に来る仕組みはおかしいし、国の税金だけで本当にうまくいくのかなという気がするんですよ。政治はボランタリーでいただいたお金でやれる部分もないと、どうにもうまくいかないんじゃないかと思うのです。貴族が政治をやる時代ならともかく、藩閥《はんばつ》政治や官僚政治とは違う、民主主義の政治をやろうと思ったら、カネも票も自分たちで集めるのが筋でしょう。

ただ、それればかりやっていると、戦前的な言い方で言えば「背後に財閥がついたほうが勝ち」となってしまう。歳費だって、ある意味では、政党交付金と類似の思想で導入されたものですよね。イギリスでも昔は、特に保守党議員は田舎の大地主だったりして「政治をやる者は歳費ぐらい自分で用意するべきだ」という議論があった。だけど、それでは無産政党の人間は金輪際、代議士にはなれないということで、国による歳費支給を選んだわけですよね。

今回の派閥の政治資金の問題は、昔の金権政治のようなやり方がまだわれわれの頭の中に残っているという側面もあるのでしょう。そういうやり方から脱却するには、政治に必要な費用や設備などのインフラを、国がある程度整備していく必要があります。選挙に当選すれば、国会近くの議員会館に事務所を設けて、来客があればそこの応接室を使うことができるのも、一つのインフラですよね。政治家もある意味では、サラリーマン化してきているともいえます。

2009〜2012

第一章
火中の栗を拾う
野党時代の自民党総裁

自民党新総裁に選出され、一礼する谷垣氏（2009年9月、産経新聞社）

みんなでやろうぜ

《二〇〇九年九月、退陣した麻生太郎元首相（自民党総裁）の後継を選ぶ総裁選に出馬した。自民党は直前の衆院選で歴史的惨敗を喫《きっ》し、野党に転落。野党として行う総裁選は、河野《こうの》洋平元衆院議長を選出した一九九三年以来だった。「ポスト麻生」の本命とみられていた舛添《ますぞえ》要一元厚労相らは出馬せず、谷垣氏はまだ閣僚経験のなかった河野太郎元外相、西村康稔《やすとし》元経済産業相を大差で破り、第二十四代総裁に選出された》

二〇〇六年の総裁選にも出馬していましたから、「何かあったら出る」ぐらいの気持ちはどこかにあったと思います。「自然の流れ」と言っては言葉が過ぎるかもしれませんが、そんな感じでしたね。当時は河野さんや西村さんもまだ若手。他に手を挙げてもよさそうな人がいたけど、挙げなかったですよね。ああいうときは、なかなか火中の栗を拾う気分にはなれないものなのかもしれません。

だけど、誰かがやらなきゃならない。そういうときには、ドン・キホーテがいなきゃだめだということでしょうか（笑）。あの年の衆院選では、僅差《きんさ》じゃなくて、うんと負けていたのですから、批判されるのは覚悟の上でした。逆にいつでも勝てる態勢だったら、ちょっとした油断が命取りになるかもしれない。ものは考えようですよ。

《二〇〇九年八月の衆院選で、民主党は単独過半数（二四一議席）を大幅に上回る三〇八議席を獲得し、第一党に躍進。自民党は一一九議席に落ち込み、党内は意気阻喪《そそう》していた。新総裁となった谷垣氏は挙党態勢を整えようと「みんなでやろうぜ」と呼びかけた》

当初、「自民党は今後十年は雌伏《しふく》かな」と思っていました。英国では、保守党から労働党に政権が移った一九九七年以来、労働党政権が十年以上続いていたのです。日本の保守政党である自民党も、いったん政権を失ったら、十年ぐらいは野党暮らしを覚悟しなければいけないかもしれない。政権を取り戻すのはそう簡単ではないだろうと考えていました。

しかし、自民党は与党慣れした政党です。与党の中でしかるべきポジションを持ち、そこで仕事をしたいというのが、自民党の人の基本的な考え方ですから、野党暮らしが好きな人はあんまりいないと思うのです。長引けば、能力や野心のある人は不満が高ま

野党に転落した自民党で総裁を務めた（右から二人目が本人）（2009年9月、産経新聞社）

ってくる。「そんなに長い間野党でいられるもんか」という流れも、どこかに出てくるわけですね。そういう感じは（一九九三年に誕生した非自民連立の）細川護熙《もりひろ》政権のときに強く受けていました。

与党で悠々としているときですら（党内が主流派と非主流派に分かれるなどして）総裁の下で一糸乱れず、という姿にはなかなかならない。まして野党なら、放っておくとばらばらになるかもしれない。そうだとすれば、こういうときは全員野球というか、できるだけみんながまとまっていくしかやりようがないと思いました。それで「みんなでやろうぜ」を標語に掲げたのです。

《政権復帰に向けて早々に取り組み始めたのが「ふるさと対話集会」だった。全国各地の集落や離島を回り、地域の人と車座になって語り合う地道な活動だ。二〇一二年十二月に政権を奪還した後も続けられた》

私が初当選した一九八三年の衆院補欠選挙で、加藤紘一元幹事長ら応援に入ってくれた先輩方が十〜十五人規模の小さな集会をたくさんやってくれたんです。これは地域住民がひざを突き合わせて話し合う、日本の民主政治の原型。これに党を挙げて取り組んだのが「ふるさと対話集会」でした。二〇一一年三月の東日本大震災以降は、原発事故の影響で立ち入りできない地域を除き、ほとんどの被災地を回ったと思います。国民の声を謙虚に聞く「ふるさと対話」が、後に与党に返り咲く原動力になったと信じています。

《演説》政権復帰へ全身全霊を傾ける

（〇九年自民党総裁選で新総裁に選出された際）

ただいま、多くの党員の皆さまのご推挙によりまして、自由民主党総裁の地位に就かせていただきました。皆様方のご支援にまず心から御礼を申し上げたいと思います。

今度の総裁選挙は、結党以来の大敗を受けた後で、自由民主党の再生をかけた戦いでございました。多くの党員のご判断は、この私に「その先頭に立て」、こういう命令を与えていただいたわけでございます。

今回の選挙戦を通じまして、私はいまなお、わが党に対して「しっかり反省をせよ」、こういうお声が多いことも身にしみて感じました。しかしそれと同時に、「自由民主党にはまだ果たすべき使命があるはずじゃないか。このままずるずる土俵を割るようなことは、そんな気力のないことは許さないぞ。しっかり頑張れ」、こういうお声が強いことも、身にしみて感じました。このような多くの国民、党員のお声を感ずることができまして、私はこのお声に必ず応えなければならない（という）、誓いを新たにしたわけでございます。

　これから自民党は、結党の言葉にございますように「政治は国民のものである」という原点に立ち返って、自由民主党が国民の皆さまのために何をやる政党であるか、しっかりもう一回議論をし、本当に信ずるところを正直に国民の皆さまにぶつけていく、そういう政党に生まれ変わらなければならないと思います。

　そのためには、党の改革も待ったなし。思い切った改革が必要でございます。私はこの戦いの先頭に立って、多くの党員諸兄《しょけい》とご一緒に、もう一度わが党が国民の信頼を取り戻すことができるようにし、そしてわが党がもう一回政権に復帰できるように、全身全霊を傾けて職務に当たらせていただきたい。このように思っております。

　どうか皆さまの厚いご支援を心からお願い申し上げ、そしてこの選挙戦を通じまして私が標語としてまいりました「みんなでやろうぜ」、この言葉でもう一回、党員の皆さま、そして国民の皆さまにお訴えをしたいと存じます。どうぞよろしくお願い申し上げます。ありがとうございました。

＝二〇〇九年九月二十八日、自民党本部

人柄が表れる離党の所作

《二〇一〇年一月、自民党は野党転落後初の党大会で、党の基本姿勢を示す新たな綱領を発表した。「常に進歩を目指す保守政党」としての再出発を誓い、政策の基本的考えに「自助自立する個人を尊重し、その条件を整えるとともに、共助・公助する仕組を充実」などと記した》

あの綱領は党再生に向けて立ち上げた「政権構想会議」で議論し、座長の伊吹文明元衆院議長が中心になって書いたものです。「自助・共助・公助」。これこそが保守政党の原点だと思います。菅義偉《すがよしひで》元首相が二〇二〇年九月の総裁選でこれを引用して「政治家が自助を言うな、公助が先だ」と批判されましたが、自助の大切さは自分が障害者になってみてつくづく感じます。

われわれ障害者が公助を望むのは当然だけど、「もう一回自分の体を動かすことができるのなら頑張りたい」という気持ちがないと、どうにもならないんですよね。それを強者の論理だと言われちゃたまらない。初めから「あなたがどう思おうと国は助けますからね」と公助を持ち出すのではなく、まずは頑張る人を後押しする仕組みがあってしかるべきだと思いますがね。

《二〇一〇年春は党所属議員の離党が相次ぎ、七月の参院選を前に「第三極」の新党結成の動きが活発化した。政界随一の政策通で、財政再建派の急先鋒《きゅうせんぽう》だった与謝野馨《よさのかおる》元財務相も四月、離党届を提出し、新党「たちあがれ日本」に参加した》

私は与謝野さんにずいぶん指導を受けてきました。衆院議院運営委員会で一緒に仕事をしましたし、財政再建の考え方もほとんど同じ。麻布《あざぶ》中学・高校の先輩でもあります。離党の約二カ月前には衆院予算委員会の質問に立ち、鳩山由紀夫元首相の偽装献金問題を「平成の脱税王」と厳しく追及して話題になりました。あのときは私も「いつも冷静な議論をする与謝野さんがよくあそこまで」と驚きましたね。

予算委での姿は、ある意味で決心の表れだったのでしょう。私の党運営に対する不満もあったのかもしれません。ただ、与謝野さんの能力を野党で生かすのは難しい。与謝野さんは、与党で腕を振るいたい人なのです。（非自民連立の）細川護熙政権ができたときも、もう本当に気力を失ってしまって、「俳人」ならぬ「廃人・与謝野馨」なんていわれていたぐらい。私も心配になって電話をしたら、与謝野さんの奥さんが出て「自分の部屋に閉じこもってため息ばかりついています」と返ってきました。

与謝野さんが自民党に離党届を出したときも、事前に私から電話していました。そのとき、電話口の与謝野さんは「今どこにいるの？　今から行くから」と言って、すぐに党本部に離党届を持って来たのです。慰留はしませんでした。与謝野さんの思考や行動のパターンはよくわかっていましたからね。

《与謝野氏はその後、たちあがれ日本も離党し、二〇一一年一月発足の菅直人第二次改造内閣に経済財政担当相として入閣。社会保障・税の一体改革を主導した。一方、各種世論調査で次期首相候補の常連だった舛添要一元厚労相も自民党に離党届を提出し、「新党改革」を結成した》

党が元気なときならともかく、追い込まれているときに、辞めるかどうか迷っている人を放っておくのはよくないと思うのです。いつまでもぐずぐずせず、考え方をはっきり聞いて、けじめをつけてもらうことが大事だと考えていました。だから、そういう前兆がある人には私から電話をしていました。

舛添さんにも電話しましたが、彼は何度かけても出なかった。言伝《ことづ》てに「心静かに瞑《めい》想《そう》しておりますので電話に出られません」と聞きました。まあ、出なくてもいいですけど、「瞑想中」と言われてもね……。その点、与謝野さんは潔かった。自分の考えに忠実で、単刀直入。そういうところの所作に、それぞれの人柄が表れるものですね。

幻に終わった大連立構想

《二〇一〇年六月、米軍普天間《ふてんま》飛行場（沖縄県宜野湾《ぎのわん》市）の移設問題で迷走した鳩山由紀夫元首相が在任八カ月で退陣し、菅直人元首相が後を受け継いだ。内閣支持率は首相交代でV字回復したが、菅氏が消費税増税の議論を唐突に打ち出すと再び急落。七月の参院選では連立与党が過半数割れし、野党・自民党は改選第一党となった》

菅さんが消費税に言及する前に、私は参院選で与党を過半数割れに追い込めなければ自民党総裁を辞する考えを表明していました。当初の調査ではそこまでいっておらず、必ず過半数割れするという確信があったわけではなかったのですが、当時の大島理森幹事長と相談して思い切ったことを言おうということになりました。背水の陣を敷いたのです。

選挙戦では、人さし指を立てて「いちばん。」というキャッチフレーズを使い、CMも制作しましたが、とにかくご注文が多かった（苦笑）。何も言われないよりありがたいんですけど、「ああしろ、こうしろ」「この間のあれはだめだ」といろいろ言われて大変でした。大島さんも気の毒に、党内の若手議員から「顔が怖い」なんて言われて……。あんなに優しくて頼りになる男はいないのにね。

《国会は衆参で多数派が異なる「ねじれ」となり、与野党の対立は激しさを増した。政権運営に行き詰まった菅氏は二〇一一年三月十一日、参院決算委員会で自らの外国人献金問題を追及され、命運が尽きようとしていたが、東日本大震災の発生を受け、与野党の攻防は一時休戦となった》

三月十一日の朝は、他の自民党幹部と「もうあと一歩だな。頑張ろうぜ」という話をしていたんです。地震が起きたのは、その後でした。大津波が東北の沿岸部を襲う映像を見て、「これはもうけんかをしている場合じゃない」と思いました。

あのとき、私が「自民党ってすごいな」と感じたのは、党所属議員がみんな党本部に

党首討論を前に菅首相と言葉を交わす谷垣総裁（2011年2月、産経新聞社）

集まってきて、必要な対応について議論を始め、その内容をメモにしていったことです。そうやって考えたことは、けんかに使うのではなくて、彼ら（政府・与党）に使ってもらえたらいい。こういうときは協力してやっていかないと、どうにもならないですから。

《約一週間後、菅氏は震災からの復興を大義名分に、谷垣氏に副総理兼震災復興担当相としての入閣を要請した。野党首脳を閣内に取り込むことで、事実上の「大連立政権」樹立を狙ったが、違和感を覚えた谷垣氏は拒否した。菅氏は打診の前にも、谷垣氏と近い加藤紘一元自民党幹事長やマスコミ関係者を通じ、秋波《しゅうは》を送っていた》

これは大連立を組まないとだめかなという議論はいろんなところであったし、私自身も「正式に申し込まれたら受けざるを得ない」という考えが基本にありました。この震災に関しては当然、協力できることは協力しなきゃだめだと思っていたからです。大事なのは、そのためにどんな手順を踏むかだと考えていました。大島さんら党幹部とも、そういう話をしました。

だけど、菅さんの持っていき方に「そうじゃないんじゃないか」と感じたのです。不信感や不透明感が常に漂っていて、彼の周辺から何となく「これで自分の起死回生があり得る」というにおいを感じました。基本的な信頼感がなかったんでしょう。それまで菅さんとほとんど接点がなかったのもよくなかったのかもしれません。

一方で、後に野田佳彦元首相とは（民主、自民、公明各党による「社会保障と税の一体改革」の）三党合意をまとめたわけですが、あのときは野田さんと直接的にも間接的にも相当話をした上で「彼は本気で信頼できるな」と感じたのです。あんまり簡単に仮定の話をしちゃいけないけれど、大連立構想も相手が野田さんだったら、実現していたかもしれませんね。

最愛の妻を亡くして

《二〇一一年六月、約三十年間連れ添った妻の佳子《けいこ》さんが、入院先の都内の病院で亡くなった。六十六歳だった。翌月、都内のホテルで営まれたお別れの会には、当時の菅直人首相ら政財界から約二千人が参列した》

家内が乳がんだとわかったのは、亡くなる五年ぐらい前だったかな。通院して抗がん剤治療を受けていました。私が自民党総裁になったころは、家内は何度か手術をした後で、あんまり具合がよくありませんでした。

　容体が悪化して二〇一一年六月に入院すると、私は病院の隣のホテルに十日間ぐらい泊まり、できるだけそばにいられるようにしました。それでも、当時は国会対応などで忙しく、亡くなる一週間ぐらい前も、熊本に出張しなければなりませんでした。六十六歳という年齢は、亡くなるにはちょっと若いですよね。かわいそうでした。

　お別れの会には、菅さんや岡田克也《かつや》元副総理らも来てくれました。野党の党首が女房を亡くしたというので、当時の政権は気を遣ってくださったと思います。いろいろと言葉もかけていただきました。


《愛妻家で知られた谷垣氏。夜は会食のはしごをする国会議員が少なくない中、谷垣氏は要職に就いてからも、佳子さんとの夕食を楽しみに帰宅することが多かった》

　家内は料理上手だったんです。うまいレストランに連れていくと、さっと技を盗んで、そこの料理をまねしたようなのがすぐ家で出てきました。「家でおいしいものを食べようと思ったら、私においしいものを食べさせなきゃだめよ」というのが、彼女の主張でした。手際もよくて、パパッと手早くできちゃう。本人も料理は好きだったんじゃない

おしどり夫婦で知られていた禎一さんと佳子さん（2005年5月、トルコにて）

かな。有田焼などの磁器にはなかなかうるさくて、大して酒は飲まないのに「このぐい呑みはいい」なんて言うこともありました。

家族みんなで最後に外食をしたのは、亡くなった年の五月。世田谷区にあった「しらとり」というフレンチレストランに行きました。病状はだんだん悪くなっていたとはいえ、そのときは翌月に亡くなるとは思っていませんでした。どんな会話をしたか忘れてしまったけど、家内が「やっぱりしらとりさんって上手ねえ」と言ったのは思い出すなあ。

堅実な、よくできた女房でした。家内が専業主婦でなかったら、こんな稼業はとてもやれていなかったと思います。今は専業主婦が少なくなって、代議士の奥さんも仕事を持っている人が増えていますよね。首相夫人も、これまではご主人より一歩か二歩下がって歩くような女性がほとんどでしたけど、これからは新しい首相夫人像を描いていくことが一つのテーマになりそうですね。

《佳子さんの他界から十年以上がたったが、再婚はしていない。父の専一《せんいち》さんも妻に先立たれたが、男やもめを貫いた》

両親は二人とも六月に死んで、家内も六月に死んじゃったんです。偶然の一致でしょうけど、みんな六月なんですよ。六月ごろになると遠藤利明元総務会長が山形のサクランボを贈ってくださるので、いただくとお供えしています。家内はサクランボが好きでしたのでね。

再婚を考えたことはありません。だって、面倒くさいじゃないですか。周りに勧める人もいませんでしたしね。一方、おやじは再婚話がなかったわけではないんです。大平正芳元首相の奥さまに「いつまでもお一人というわけにはいかないんじゃないですか」と言われたおやじの秘書が、「私からは聞きにくいので禎一さんから聞いてください」と頼んできたこともありました。私から再婚する気はないのかとたずねてみましたが、適当なことを言ってはぐらかされました。私と同じで、面倒くさかったのではないかな。

三党合意　「本気」を感じた野田元首相の気迫

《二〇一一年九月、野田佳彦内閣が発足した。民主党政権で三人目の首相。野田氏は東日本大震災からの復旧・復興を最優先課題とする一方、財政健全化は待ったなしだとし

て、「社会保障と税の一体改革」の実現にも意欲を示した》

ぐるっと回って、彼らもようやく落ち着くところに落ち着いてきたなと思いました。ちょっと前まで財務相をやっていた私からすると、民主党の財政に関する当初の考え方は、あまりに荒唐無稽だったのです。

無駄を排除すれば財源は捻出できると主張し、マニフェストに子ども手当や農家の戸別所得補償制度などを掲げましたが、それだけの財源をひねり出すには増税するか、国債を大量に発行するか、みんなが悲鳴を上げるような歳出削減をするしかないところまで、あのときの日本の財政はきていました。

それを全然わかっていないところから鳩山由紀夫政権は出発し、案の定、財源を見つけられなかった。次の菅直人政権は、消費税増税の必要性にある程度気づいていました。そこへ東日本大震災が起きて、復興財源の確保も課題となったのです。

ただ、「自民党が提案している税率十％を参考にしたい」という菅さんの言い方は、「自民党がそれをしょって川を渡るのなら自分もおんぶしてもらおう」という印象を受けました。一方、野田さんからは「自分の手でその問題を解決したい」という感じがすごくしましたね。

公明党の山口那津男代表（左）、民主党・野田佳彦首相（右）と会談に臨む
（2012年8月、産経新聞社）

《二〇一二年二月の党首討論で、谷垣氏は民主党内に消費税増税への強い反発があることを踏まえ、野田氏に「本当にやれるのか。足元を固めてほしい」と迫った。これに対し、野田氏は「五十一対四十九の党内世論でも、手続きを踏んで決めたらみんなで頑張っていくことを示していきたい」と答弁した》

党首討論で野田さんに協力を求められ、私は「先に党内をまとめなきゃだめなんじゃないですか」と投げかけました。そうしたら野田さんは「自分の党が半分に割れてもやる」という趣旨のことを答えましたよね。彼はそうやって気迫を正面にぶつけてくるスタイルなんですね。そういう正面を切るスタイルが、私に「こいつは本気だな」と思わせたのだと思います。

《同年六月、民主、自民、公明の各党は、当時五%だった消費税率を二段階に分けて十%へ引き上げる「社会保障と税の一体改革」の三党合意をまとめた。八月の三党の党首会談では、関連法案が成立したら「近いうち」に信を問うことで合意。民主党は関連法案に反対する議員の集団離党で分裂した。衆院解散は「近いうち」の合意から約三カ月

後だった》

こちらの思惑としては、「近いうち」はもうちょっと近いうちじゃないかと思っていました。野田さんとしても「もう少し早くしないと具合が悪いかな」という気持ちがあっただろうし、こちらの思惑は百も承知だったと思います。自分の党をまとめるのに苦労したのでしょう。「近いうち」をめぐる違いは若干出てきちゃったけど、よくやってくれたと思いますよ。

どうして菅さんとは大連立構想の話がまとまらなくて、野田さんとは三党合意ができたのか。

一つは、相手が考えていることをお互いによくわかっていたからだと思います。あのとき、私が財務相だったときの事務方と、野田さんの周りで税に関する立案をしていた人たちが、全く重なっていたんですね。共通の財務官僚を通じて、私の考えていることが野田さんに正確に伝わっていたと思うし、私も野田さんの考えていることを相当正確に知っていたと思います。その差は大きかったでしょうね。

与謝野馨元財務相もキーパーソンの一人でした。下野した自民党を飛び出し、たちあがれ日本からも離党して、民主党政権に参加していましたが、もともと財政再建の考え方は私と非常に近かった。向こうが案を作る上での重要人物になっていたと思います。

そして何より、野田さんの気迫と度胸。ああいう人を党勢拡大に生かせないようでは、今の野党はどうしようもないと思います。

総裁選出馬を断念

《二〇一二年九月、再選を期していた自民党総裁選への出馬を断念する意向を表明した。当時の石原伸晃《のぶてる》幹事長も意欲を示し、執行部の分裂を避けるため一本化調整を重ねたが、難航。政権奪還を目前にして、谷垣氏は首相を経験しないまま総裁任期を終える決断をした》

総裁選には当然、出るつもりでいました。普通の流れでいけば、そうでしょう。だけど、党執行部から何人も出るのはおかしい。悠々与党であるときなら「勝負しようぜ」でもいいのかもしれませんが、野党のときに一心同体ぐらいのつもりでやってきた人から自分も出ると言われたわけですから、言われた瞬間に「これはもう私は辞めた方がいいな」と即断しました。「私は執行部の中も統一できないんだ。頼むに足らずと批判されているんだな」という思いでしたね。それでは党をまとめていけない。私の不徳の極みです。

《所属していた宏池会の古賀誠会長は石原氏擁立《ようりつ》に動き、自派から林芳正《よしまさ》外相の出馬も認めた。谷垣氏に近い古賀派議員はこれに反発し、同派を脱退。新たに「有隣会」を結成し、谷垣氏を顧問に据《す》えた》

古賀さんにしてみれば、私が古賀さんの顔を立てていないような感じをお持ちだったのかもしれません。私にも至らないところがあったのだと思います。

一方、川崎二郎元厚生労働相ら私と一緒に動いてくれた人たちにとって、宏池会は居心地の悪い状況になっていました。彼らが自分たちの今後の足場について考えるのは自然なことだと思います。有隣会の旗揚げは、川崎さんか誰かから「つくるから」と申し渡されました。

ただ、私自身は総裁選への不出馬を決めたことで、自分の政治生活はだいたいおしまいだと考えていました。後輩を育てたり、政治力が残っているうちに地元に貢献したりすることはあっても、中央で仕事をする政治家として「わがこと」はこれで一応終わりだと思っていたのです。

だから、有隣会をつくることについても「乗り気じゃないな」ぐらいのことは川崎さんに言ったと思います。でも、「つくるな」と明確に反対したことは一回もなかった。みんなが私みたいに「自分の政治生活はおしまいだ」と思っていたわけじゃありませんから、今後の足掛かりを必要とする人のことを考えると、はっきりノーとも言いにくかったのです。後に（石原氏らを破り新総裁に選出された）安倍晋三元首相に頼まれて幹事長になり、当時の考えとは違う道を歩んだわけですが……。


《有隣会は谷垣氏が二〇一七年に政界を引退した後も存続。中谷元《げん》首相補佐官や遠藤利明元総務会長が運営の中心的存在となり、谷垣氏の役職は特別顧問となった》

私が現役でなくなってからも有隣会が「谷垣グループ」と呼ばれていたのは、変でしたよね。「旧谷垣グループ」と言われていたはずが、そのうち「旧」も取れちゃって……。派閥を名乗っていなかったせいもあるかもしれないけど、「中谷・遠藤グループ」とか、何かもうちょっと、今の呼び名にしてくれよと思っていました。

そういうこともあって、有隣会の会合もたまには行ってもよかったんですけど、あん

総裁選で新総裁に選出された安倍晋三氏（右端）に祝辞を述べる（2012年9月）

まり頻繁に顔を出しちゃいけないなと思っていました。世間からいつまでも「谷垣グループ」といわれてちゃいけない。私が取り仕切っているわけでは全然ないのに、一見、過去の人がいつまでも取り仕切っているようにみえる表記で花を持たせることは避けるべきです。

《二〇二四年一月、自民党派閥の政治資金パーティー収入不記載事件を受けて、宏池会などの党内派閥が次々と解散。「派閥解消」の動きが急速に波及する中、有隣会も解散することを決めた》

もともと有隣会が派閥でなくグループの形をとっていたのは、「脱派閥」の尾っぽがついていたからなんですよね。最後のほうは派閥化するかしないかの議論をやっていたようですが、逢沢《あいさわ》一郎元国対委員長なんかは「派閥にするのは絶対に反対だ」と言っていました。解散直前のころになってもまだ、尾っぽが取れないという感じだったのでしょう。

私自身は派閥にせよとかするなとか、そういうことはあんまり言ったことはないんです。結成当時から「自分は政治家としては一丁上がり」と思っていましたし、その後、けがまでして引退した私が、今さら左右すべき問題じゃない。だから、有隣会の現役メンバーでよく話し合ってもらうことが大事だと考えていました。

そもそも、自分の政治生活はおしまいだと思っている人が派閥をつくりますかね。つくる人もいるかもしれないけど、昔はしなかったんだよなあ。仲間から「派閥を掌握《しょうあく》してください」といわれて引き受けるのは、また政治的に何かをやろうとする人の態度でしょう。有隣会を結成したときも、川崎さんらから「派閥をつくりますから、そういうつもりで」と言われたわけではありませんでしたしね。

《演説》安倍新総裁と最後の一歩を乗り越えて

（二〇一二年自民党総裁選で安倍新総裁が選出された際）

皆さまに正々堂々たる総裁選挙を戦っていただきまして、ただいま安倍晋三新総裁の誕生をみたわけでございます。まず、皆さまとともに安倍新総裁に心からお祝いを申し上げたいと思います。おめでとうございます。

そしてこの厳しい総裁選を安倍総裁とともに戦われた石破茂《いしばしげる》先生、町村信孝《のぶたか》先生、石原伸晃先生、そして林芳正先生のご健闘を心からたたえたいと思っております。本当にご苦労さまでございました。

三年前、皆さまのご推挙によりまして、自民党の総裁に私は就かせていただきました。当時の自民党は閉塞感、挫折《ざせつ》感がみなぎっておりました。何とかもう一回、国民の皆さまの信任を得る自民党にしたい。このように思って、この三年間、歩んでまいりました。

大変至らないところが多い私でございましたけれども、政権を取り戻すことが単に自民党のためではない、日本国のためだ、国家・国民のためだという思いを党員の皆さまに共有していただきまして、いたるところで精進を遂げ、一生懸命戦っていただいた結果、各般の選挙にもだんだん勝利をしめるようになってまいりました。そして二つの内閣を退陣にも追い込みました。皆さまと一緒に三年間歩んでまいりまして、何とかもう一回自民党の信頼を取り戻そうと、あと一歩のところにきているわけであります。

しかし、百里の道も九十九里をもって半ばとす。この一歩こそ、私どもが一致団結して乗り越えなければならない一歩でございます。安倍新総裁がこの最後の一歩を乗り切れる、その先頭に立っていただいて、私はこれから一兵卒としてこの一歩を乗り越えていくために、ご一緒に努力をいたしたいと思っております。

そして何よりも大事なことは、私たちは国家・国民のためにこの選挙戦を乗り越えて、後は一致団結してまとまって必ず政権を奪還する。このことを私は固く固く信じて疑いません。至らない者でございますが、三年間本当にお世話になりました。今、安心して安倍新総裁にバトンをタッチして、私は影の男となります。どうぞよろしくお願い申し上げます。ありがとうございました。

＝二〇一二年九月二十六日、自民党本部

1945〜1999

第二章

花も嵐も踏み越えて

日本の戦後と政治人生の始まり

衆院京都二区補選で初当選を果たした谷垣氏（1983年8月、産経新聞社）

父から養鶏指南、守ったニワトリ

《一九四五年三月七日、農林官僚の父、専一さんと母、安紀《あき》さんの長男として東京都で生まれた。「禎二」という名前は専一さんが陸軍中将の岳父、影佐禎昭から一字を取って付けた。影佐は日中戦争での汪兆銘《おうちょうめい》政権樹立に重要な役割を果たしたことで知られる。影佐も三月七日生まれで、この日は五十二歳の誕生日だった》

私が生まれたころ、祖父はパプアニューギニアのラバウルに出征していました。祖父にとっては、私が初孫です。私が三歳のときに亡くなりましたが、両親からも、祖母やおばからも、ずいぶん祖父の話を聞かされました。軍人としての評価はいろいろあると思いますが、母やおばは、子供を笑わせるのが好きな、非常に面白い人だったと言っていました。落語も好きだったようです。それなりの軍人でしたから、七回忌などは同盟通信社にいた松本重治《しげはる》さんや外交官など、錚々《そうそう》たる方々がみえていたのを覚えています。

祖父の家には、平安時代の武将の絵本がありましてね。「鎌倉殿の13人」に出てくる上総広常《かずさひろつね》なんかは、あのころの本好きな男の子にとってはごく親しみのある人物ですよ。

他にも畠山重忠《はたけやましげただ》とか大庭景親《おおばかげちか》とか土肥実平《どいさねひら》とか……今でも名前がすらすら出てきます。小さいときに絵本で読んで覚えたことは、大人になってから覚えるより忘れないものですね。

《幼年期は父の転勤に伴い、長野県で二年ほど過ごした。多忙でも、家族との時間は大切にする人だった》

私が物心ついたころ、おやじは長野県庁に出向していました。一九四七〜四九年ごろでしょうか。農地部長として、農民運動の激しい信州の農地改革を担当していました。四五年の敗戦までは満州に農民を送り込んでいましたから、長野では命からがら引き揚げてきた人たちを何とか食べていけるようにしなくてはという思いがあったようです。

家では子煩悩で、私も弟もよくかわいがってもらいました。おやじに連れられて、多摩川べりにサイクリングに行ったり、奥多摩へハイキングに出かけたりしました。私は子供のころ、体が弱かったので、自然の中で遊ばせて丈夫にしようという考えもあったのでしょうね。おかげで体が丈夫になりました。

零歳のころ。父・専一さん（右）、母・安紀さんと（1945年）

《小学生のころ、父から農林官僚らしい「家庭教育」を施されたことがあった》

あるとき、おやじがニワトリ十羽とエサの糠《ぬか》一袋を買ってきたんです。「これをお前にやるから責任を持って飼いなさい。ニワトリが卵を産んだら俺が一個十円で買ってやる」と言うんですね。もらった糠がなくなったら、卵を売ったお金で新しいのを買わなければならない。まさに独立採算制です。

ニワトリの世話は、習慣になってしまえばそれほど面倒ではありませんでした。卵がすぐに割れてしまうときは、みそ汁に使ったアサリなどの貝殻を細かく砕いてニワトリに与え、殻を強くする工夫をしました。結構利益が出ましてね。私が初めて買った自転車は、おやじに卵を売って手に入れたものです。

ただ、当時は野良犬が多くて、群れを成して近所のニワトリを襲うことがありました。被害に遭ったニワトリ小屋をたどると、だんだんうちに近づいてきているのがわかった。いよいよ今夜はわが家が襲われるというとき、おやじと一緒にニワトリ小屋の周りに針金を張って電流を流し、木刀を持って寝ずの番をしたんです。そうしたら予想通り十数頭の群れがやってきて、ひときわ大きいリーダー格の犬が電線を鼻でクンクンとした。ビリッときてちょっと腰が引けた瞬間、おやじが「今だ!」と叫び、二人で木刀を持って飛び出していって、野良犬の群れを追い払いました。わが家はニワトリを守り抜いたのです。

日本隊マナスル初登頂が開いた世界への扉

《フランス隊のアンナプルナ、英国隊のエベレスト……。一九五〇～六四年にかけ、世界に十四座ある八千メートル峰の初登頂ラッシュが起きた。とりわけ今西壽雄《としお》さんら日本隊による五六年のマナスル初登頂が当時の日本人に与えた衝撃は大きい。小学生だった谷垣氏にも鮮烈な印象を残した》

私が五歳から十九歳になるまでの間に、人類は十四年かけて八千メートル峰全十四座の頂に到達しました。私はその間、潜在的にものすごく影響を受けていたと思うんです。六九年には人類初の月面着陸にも成功しましたが、それに近いものがありました。おやじに手を引かれてエベレストやマナスルの記録映画を観に行ったのを覚えています。

山に関心を持ったのは、時代の特色も関係しているのかもしれません。私が中学や高校のころは、日本は外貨をほとんど持っていませんでした。外貨を割り当てられるのは、公務や何かで外国に行かなければならない特殊な人だけ。大多数の人はカネがないから日本の外へは出られなかったわけです。私はおやじによく言われました。「お前らは気の毒だな。俺は学生時代、朝鮮や満州を旅行して日本とは全然違うものを見ることができた。でもお前たちは（北海道、本州、四国、九州の）四つの島に閉じ込められて育ち、視野が狭くなっている」と。

今の人はこんな古い歌をご存じないと思いますが、昔「狭い日本にゃ住み飽《あ》いた」という歌（「馬賊の歌」）がありました。大陸浪人がよく歌った歌です。今からすれば、侵略主義者の歌といえるかもしれません。だけどやっぱり、当時の日本人には戦争に負けた悔しさがありました。私が小さいころはまだアメリカの占領下にあって、遠くまで目を向けて日本の進む道を考えるなんてことは、なかなかできなくなっていたわけです。ちょっと遠くへ目を向けていろいろ考えると、すぐ「侵略主義者だ」みたいな目で見られるということも、なかったわけではないと思います。

もっとさかのぼれば、敗戦後の日本は食糧難で、みんな栄養不足だった。だから米国からガリオア資金などの援助を受けたり、タンパク質不足を補うために南極海に行ってクジラを獲ってきたりしたわけですね。私も幼いころ、捕鯨《ほげい》船団が南極海に向かう日におやじに連れられて港へ行き、日の丸の旗を振りながら「バンザーイ、バンザーイ」と言って見送った記憶があります。「四つの島」に逼塞《ひっそく》していた当時の日本人にとって、日章旗を掲げて赤道を渡り、南の果ての氷の海まで出かけていく捕鯨船団は、希望の象徴だったのではないかと思うのです。

つまり、今とは全然違って、日本の外に出ることは非常にハードルが高い時代だった。そんな中で、十四の人跡未踏の地が一つ一つ制覇されていったわけです。私はそれに非常に関心を持ちました。それも日本人がですよ、ネパールへ行って、世界で初めて、まだ人類が行ったことのない場所に到達したということの意味……。それは「四つの島」に逼塞している日本人にとって非常に大きかった。だから私は山を好きになったんです。だから登山をやっていたわけですね。

《山に魅了された谷垣氏は中学から大学まで山岳部に所属し、山登りに熱中した。現在暮らす都内の自宅では、マナスルの頂に立つ今西さんの写真を飾っている》

（二〇一六年に）自転車でけがをして車いすで生活することになったので、家をバリアフリー仕様に改築したんですね。その工事を、今西さんのご子息が経営されている今西組にお願いしたんです。

工事が終わった際、「絵か何かを記念にお贈りします」と言われて、「絵も置物もいりませんから、あなたのお父さんがマナスルに登ったときの写真をください」と返したら、この写真を贈ってくださったんですよ。

私の世代にとって、今西さんはレジェンド的存在。リハビリがつらいときはこの写真を見て、自分を奮い立たせています。

田舎の秀才が名門校で学ぶ意義

《一九五七年、中高一貫の男子校、麻布中学校（東京都港区）に入学した。開成中学校、武蔵高等学校中学校と並び「御三家」と称される名門だ》

麻布は、国語教育が非常に充実した学校でした。中高の六年間、麻布でしっかり教育を受ければ、国文学のあらすじは大体つかめると思います。皆さんも万葉集や古今《こきん》和歌集なんかの代表的な和歌を教わったでしょう。伊勢物語を読み、徒然草《つれづれぐさ》を読み、とやっていると、だんだんそういうものが身につくような教育体系だったと思います。先生が

両親と弟の四人家族だった（右端が禎一氏）（1953年）

優れていたのかもしれません。

だけど私は全然勉強しないで遊んでばかりいたから、古文の文法などは途中で全然わからなくなっちゃったんです。そうしたら、山岳部の顧問だった国語の先生が「俺はお前をそんなに出来の悪い男だとは思っていない」と言って指導してくれて、伊勢物語を最初から最後まで読みました。当時の岩波文庫の伊勢物語は濁点がなかったりして、高校生が読むのはすごく難しかった。古語辞典を引きながら一生懸命勉強した記憶があります。

実は最近、もう一回国語を勉強しようと思いましてね。その先生が勧めてくれた本をインターネットで探して買ったんですよ。今さら昭和二十何年に出た本を手に入れようとすると結構高いんですが。『古文解釈のための国文法入門』（松尾聰著）という本でね、「序説」で度肝を抜かれたんです。「諸君は次の問に答えられるか。もし答えられないのだったら、この本を読む必要があるだろう」。答えられなかった当時の私は続きを読み、苦手意識をいくらか克服したわけです。

麻布では漢文にも力を入れていました。今はどうか知りませんが、あれだけ熱心に漢文を教えてもらったのはありがたかったですね。大人になってからも陶淵明《とうえんめい》（中国六《りく》朝《ちょう》時代の詩人）の全集を毎年読み返しました。自転車事故で入院している間も一回は読みましたね。看護師さんに「何を読んでいるんですか」と聞かれて、あげてしまいましたが。

《成績優秀な生徒とはいえなかった息子に、父の専一さんは自らの経験を踏まえ、独自の「名門校で学ぶ意義」を教えた》

あまりに成績が悪いので、担任の先生に「これじゃどうしようもないぞ」と言われたこともありました。おやじによく言われましたよ。おやじは中学まで京都の田舎にいて、旧制三高に入ったとき、京都市に出てきたんですね。「わしも田舎ではそれなりの秀才やったんや。ところが三高に入って京都に行ったら、頭のええやつがようけおる。結局、ああいうとこへ行ってよかったことは、世の中にはこんな頭のええやつがおるとわかったことや。そういうことは早く知ったほうがええな」と。

例えば田舎で将棋の強い子はいくらでもいると思いますけど、誰もが藤井聡太八冠になれるわけじゃないですよね。田舎の秀才が都会で就職して「こんなにできるやつがいるのか」と驚くような人物に会うことも、たくさんあるでしょう。（二〇二二年に）東大進学に挫折した名古屋の高校生が東大前で受験生を刺した事件がありましたが、彼も世の中には頭のいい人がたくさんいるということをもう少し早く知っていたら、違っていたのかもしれません。

《政界に麻布OBは多い。福田康夫、橋本龍太郎両元首相、平沼赳夫《たけお》元経済産業相、与謝野馨元財務相らを輩出している》

丹羽雄哉《にわゆうや》元厚相とは同級生で、席が並んだこともありました。おやじさん（喬四郎《きようしろう》元運輸相）が代議士で、彼が「選挙は面白いぞ」と言うのをひとごとのように「へえ」と思って聞いていたのですが、高校一年のとき、うちのおやじも代議士になりました。

大学卒業に八年かかった

《高校卒業後、一年間の浪人生活をへて、一九六四年に東大に進学。大学でもスキー山岳部に入部し、山登りに熱中した》

大学ではボートやヨットをやるのも悪くないなと思い、少々迷いましたが、やっぱり

東大二年生のころ（右）。当時は建設政務次官だった父（左）、中学三年の弟と（1966年1月）

山を選びました。

東京の大学の山岳部は、四季を通じて主に北アルプスに登るのが中心的な活動になると思います。当時の東大スキー山岳部では、夏合宿は大抵、剱岳《つるぎだけ》で十日間ぐらいやった後、北アルプスのいろんな所で分かれて、さらに十日間ぐらい縦走していました。上級生はその後、また剱岳か穂高《ほたか》岳に一週間ぐらい岩登りに行っていましたね。冬合宿は乗《のり》鞍《くら》岳で、新人はスキーなどをする。上級生はそこで新人を指導したり、中央アルプスのどこかを縦走したり。そうしているうちに、例えばヒマラヤなんかでもある程度は通用するような技術がだんだん身についていくんですね。もちろん、ヒマラヤと一言で言ってもピンからキリまでありますが。

当時のスキー山岳部には、新入部員をしごくときに歌う歌がありましてね。「♪この野郎　さあ歩け　歩けなければはって登るんだ」「♪僕はもうだめです　腹が減ってふらふら　足は動かずふらふら　これじゃとっても歩けません」。今なら人権問題になりそうな歌ですが……。雨でたき火の木になかなか火がつかないときには「♪それ十六回まだだめだ　燃えるはマッチ　新聞紙」と歌いながら火をおこしていました。

北アルプスや南アルプスの沢を登っていると、何の手入れもされていない自然が広がっていて、「京都の庭園はこういう景色をモデルにしているんだろうな」と思うことがありました。実際には京都の庭園よりずっと荒々しいのですが、枯山水なんかは「日本の風景」というものをよく表現していると思います。キザな言い方をすれば、まさに「自然は芸術を模倣《もほう》する」といった感じ。和歌や俳句に詠《よ》まれるような四季折々の風景にも度々出合いました。

《当時の東大スキー山岳部では、年間百日以上も山にこもるのがざらだった。きちんと単位を取って大学を卒業していく仲間もいたが、谷垣氏は単位を落とし続けて留年を重ねた。卒業したのは一九七二年。入学から八年がたっていた》

今は違うと思いますが、当時のスキー山岳部では「年に百日ぐらいは山に行かないとレベルが保てない」とされていたんです。授業も今ほど出席にうるさくなく、試験さえ通ればいいという考えが強かったんですね。だから当時の部員はみんな百日以上山に入っていたと思います。一方で、「百二十日未満で留年するのは要領が悪い」「百五十日以上だと留年する」というような目安もありました。さすがに百五十日も山に行っていた年は、私もなかったかもしれない。

最近、スキー山岳部の百年史が作られることになり、私が新入部員のころのチーフリーダーが一九六〇年代の記述を担当することになりました。その先輩が「あのときは異常な時代だった」と言っていました。先輩の学年では当初三十人ぐらい新入部員がいたのに、最後まで部に残ったのは五人か六人で、そのうち四年で大学を卒業したのは一人だけだと。私の学年も似たようなもので、留年する部員が珍しくありませんでした。試験さえ通ればいいというムードに安易に乗っかって、山登りばかりしていたのは間違いだったということですね（苦笑）。

ちなみに、私が留年中の一九六九年に安田講堂事件が起こり、東大も学生運動でかなり荒れました。各運動部に全共闘系とか代々木（民青）系とかいろんな人がいましたね。スキー山岳部にもいろんな人がいましたが、山は一緒に登っていましたよ。

残る道は司法試験……三十七歳で弁護士に

《一九七二年、八年がかりで東大法学部を卒業。度重なる留年で卒業後の進路を狭めてしまったことから、弁護士を目指して司法試験に挑戦することにした》

おやじは当初、「役人も悪いもんじゃないぞ」と言っていましたが、こんなに留年に留年を重ねたら、そりゃもうだめでしょう。おやじは手に余って困ったろうと思います。実際、「どうして（どうやって）生きていくんや」としょっちゅう怒られていました。八年も大学にいたら、おのずから道は狭まってしまいます。残る道は司法試験、ということになったわけです。

ただ私の場合、山登りだけでなく、落語を聞きに行ったり歌舞伎を見に行ったりもしていました。そういうことばっかりやっていたから、大学の卒業もずいぶん遅くなったし、司法試験もなかなか受からなかった。一方、世の中には秀才がいて、私の大学にも現役で司法試験に合格しちゃうような同級生が何人かいたんです。そのうちの一人が、「無罪請負人」といわれている弘中惇一郎弁護士でした。

《現役合格した同級生に「受験勉強の王道」を示唆《しさ》され、目から鱗《うろこ》が落ちたことも》

憲法の勉強をしていたとき、弘中さんとは別の合格者に「私学助成は合憲だという答案はどう書いたらいいんだ」と聞いたことがありました。憲法八九条は、公の支配に属しない教育事業に公金を支出してはならないと定めている。一方で、私学助成はすでに制度化されていて、それを「違憲だからやるな」と反対する人はあんまりいない。だから私は、もし司法試験にこれが出題されたら、私学助成は違憲だという答案は書けないだろうと考えました。しかし、合憲を前提にした答案をどう書いたらいいのか、さっぱりわからなかったのです。

彼の答えは意外なものでした。「ばかだな、お前。そんな問題が出るわけねえだろ」。要するに、三百代言《さんびゃくだいげん》が頭をひねって何とかつじつまを合わせたようなことを、受験生に短時間で書かせるわけがないというのです。「ははあ、頭のいい人はこういうふうに考えるのか」と思いました。頭の良さにもいろいろあって、出題傾向を分析して要領よく点数を取る人もいれば、本質的なことを考えていて成績にはすぐに結びつかない人もいる。前者の彼はある意味、割り切りがいいのですね。

《司法試験の勉強を通じ、人生の伴侶と巡り合った》

他の大学には卒業生を対象とした司法試験対策の課外講座があったのですが、東大にはなかったので、その大学に通った知人の名前を借りて講座を利用したことがありました。早稲田大のそれは「法職課程」と呼ばれていて、弁護士を目指していた家内もそこに通っていたのです。家内のいとこが私の麻布時代の同級生だった関係で知り合い、一緒に司法試験の勉強をするようになりました。

《大学卒業から七年半後の一九七九年、ついに司法試験に合格。司法修習をへて都内の法律事務所に就職するころには三十七歳になっていた。妻の佳子さんとは合格翌年の一九八〇年に結婚し、八二年に長女、八四年に次女が生まれた》

司法試験は七、八回ぐらい受けたと思います。家内は私が合格した翌年も受験しましたが、不合格でした。それで「それなら僕のところに永久就職しませんか」と結婚を申し込んだのです。家内が何と答えたのかって？　よく覚えてないけど、「まあ、いいか」ってなもんじゃないですか（笑）。

おやじが当時代議士だったので、家内のおやじからは「あなたも選挙に出る気持ちがあるのか」と聞かれました。私のおやじは息子に後を継がせる考えがありませんでしたし、私も弁護士としてやっていくつもりだったので「いや、そんな気はありません」と答えました。

自転車に魅了された司法浪人時代

《山登りをやめて司法試験の勉強をしていたころ、運動不足を解消しようと自転車に乗り始めた。はじめは都内の自宅から東大の図書館に通うための移動手段にすぎなかったが、ある出来事をきっかけにのめり込んだ》

山、山、山の学生生活を終えてからは、大学の図書館にこもって司法試験の勉強をする毎日でした。そのうち「どうも体調が悪いな」と感じるようになったのです。体がなまってしまうがないし、すぐに風邪をひく。毎日座って勉強なんて慣れないことを始めたものだから、運動不足になっていたのですね。

そこで、世田谷区内の自宅から本郷の図書館まで、自転車で通うことにしました。片道一時間弱、距離にすると一六・五キロぐらいでしょうか。うちを出るときに雨が降りそうでも雪が降りそうでも、実際に降っていないかぎりは乗っていく。五、六万円のツーリング用で、自分としてはものすごくいい自転車を買ったつもりでした。

ところが、池尻大橋駅付近からスッと出てくる自転車に、どうしてもかなわない。私と同じぐらいの年齢の男が乗っていて、すごく速かったんです。私も山を登っていたし脚力は負けないはずだという気持ちがあったのですが、信号でやっと追い付いては引き離され、そのうち振り切られて見えなくなる。一番頑張ったときでも、赤坂見附あたりで見失ってしまいました。

その自転車が東大医学部のところに置かれているのを見つけたときは、悔しかったなあ。「これ、あいつの自転車だ。俺のよりタイヤがずっと細いな」なんて考えながらじっと見て。イギリス製で、イタリアの自転車部品メーカー「カンパニョーロ」の相当高級な部品をつけていました。自転車の質もさることながら、当時の私はギアの使い方もろくに知らなくて、乗り方も下手だったのですが。

その後、お金をためてロードレーサーも買いましたが、それに乗って図書館に通うことはありませんでした。当時の私にはかなり高価なものでしたからね。大学の図書館の横なんかに止めておいて盗まれちゃいけない（笑）。

《自転車に入れ込んだ谷垣氏は、ブランクを挟みつつ、七十歳を過ぎるまで乗りこなす筋金入りのサイクリストとなった》

自転車の魅力は、自分の脚力でこんなに遠くまで来られるんだという感動、そして、風を切る感覚です。風が運んでくる匂いや、車に乗っているときとはまた違う景色が見られるところも、楽しいですね。

ロードレースに出た経験もあるといえばあるのですが、私はレースよりツーリング派。登山をやっていたせいか、自転車で峠《とうげ》を越えるのが好きです。山奥の山村が寂れて無人になり、峠道の人通りもなくなると、国土地理院の地図に載っているような峠でも、藪《やぶ》漕《こ》ぎをしなきゃならないぐらい崩壊していることがあるんですね。そういうところを「この峠も今やまさに滅びんとしているな」などと思いながら、自転車を担いで通過したりしました。

振り返ると、子供のころから自転車は好きでしたね。昭和三十年代前半にサイクリングブームが起こり、みんなが「♪サイクリング　サイクリング　ヤッホー　ヤッホー」（「青春サイクリング」）なんて歌いながら自転車に乗っていたころ、私は小学校高学年でした。おやじに与えられたニワトリの世話をして、ニワトリが産んだ卵を一個十円でおやじに売って手に入れたのが、私が初めて自分のお金で買った自転車だったのです。

近所には貸し自転車屋も多く、変速機付きの自転車を借りて、おやじと多摩川べりを走ったこともありました。中高生のときも多少は乗りましたが、大学生になってからはほとんど乗らなくなっていました。とにかく山ばかり登っていましたのでね。

父が急死、周囲に説得され出馬へ

《駆け出しの弁護士として仕事に邁進《まいしん》していた一九八三年五月、文相も務めた衆院議員の父、専一さんが健康上の理由で政界引退を表明、療養に入った。がんだった》

おやじは私に後を継がせるつもりはありませんでした。選挙はそれなりの資産と信用を持つ人がやるものだ――。そういう考えがあったのだと思います。というのも、当時は中選挙区制で、今の小選挙区制より選挙にカネがかかったのです。元農林官僚のおやじには関係業界にそれなりの人脈があり、応援してくれる人たちがいましたが、資産家や自分でカネをつくれる経営者でもないかぎり、まっとうな政治資金を得るのは大変だと考えていたようです。

がんであることは引退表明の少し前にわかっていました。次期衆院選が近づく中、おやじは自分が期日ぎりぎりになって死んだら、地元の支援者たちは後継候補を探す時間がなくなり、私を担ぎ出すだろうと予想していました。だから先に引退を表明しておくのだと、私に説明したのです。そして「俺が辞めたら、支援者たちはよっぽどぼんくらだと思わなければお前に選挙に出ろと言うだろう。だが、お前もまだ駆け出しとはいえ、法律家として真面目にやっていれば恥ずかしくないぐらいの稼ぎはある。選挙なんて無理にやる必要は毛頭ない」と言いました。

《専一さんは療養にあたり、次期衆院選に立候補しない意向とあわせて、身内を後継者としない考えを後援会幹部に明言した。しかし、長男擁立を望む声は日増しに高まっていった》

おやじの後援会や京都の経済界など、とにかくいろんな人が入れ代わり立ち代わり家にやってきて、私に選挙に出ろと言うのです。「私は弁護士として生きていきます。政治をやる気はありません」と、ここまでは私も言えるのですが、彼らの切り返しがうまいんです。

「弁護士も大事な仕事だろう。あなたが一生懸命に取り組んでおられるのはよくわかる。しかしあなた、お父さんがやっていた政治についてはどう考えているんだね。まさか軽蔑していているわけではないだろう」

おやじが今にも死のうとしているときに、おやじの仕事を軽蔑しているだなんて言えるはずがありません。「政治も大事な仕事だと思います」と答えると、「政治をつまらない仕事だと思っていないのなら、なぜやらないんだ！」と畳みかけられました。

《専一さんの病状は急速に悪化し、引退表明の翌月に息を引き取った。もともと欠員が出ていた旧京都二区は、専一さんが亡くなったことで欠員が二となり、総選挙を待たず補欠選挙が行われることになった》

二年ほど前に、おやじと同じ選挙区選出の前尾繁三郎《しげさぶろう》元衆院議長が亡くなっていました。五人区の選挙区に二人の欠員が生じたため、八月に補選が実施されることになったのです。結局、私は支援者らに説得され、おやじの後継として立候補する決意を固めました。

心苦しかったのは、弁護士の仕事を途中で投げ出して、職場や顧問先に迷惑をかけることでした。おやじが死んだのは六月二十七日。六月下旬は株主総会が多い時期です。まだ二年目だった私も、ボスから株主総会の仕事をいくつも振られていました。弁護士としてやるだけやった後ならともかく、まだ駆け出しの人間が仕事を途中でほうり捨てて選挙に出るなんて無責任じゃないか。そんな気持ちがありました。結局、補選に出ることになり、申し訳ないことをしたと、今でも思っています。

家族の反応はというと、家内はいつもそうですが、「あなたがいいと思うことをやったらいいんじゃないの」という感じでした。結婚するとき、私に「あなたも選挙に出る気持ちがあるのか」とただした家内のおやじも、出馬をとがめることはありませんでした。

加藤紘一氏に教わった選挙の原点

《父の谷垣専一元文相と前尾繁三郎元衆院議長（いずれも自民）の死去に伴い、一九八三年夏、衆院旧京都二区（定員五）の補欠選挙が実施されることになった。専一さんの後継候補として急遽《きゅうきょ》立候補することになった谷垣氏は、初めての選挙戦に臨んだ。投票日は八月七日。専一さんの他界から、わずか一カ月半後だった》

初めての選挙でしたから、非常に気合が入っていました。私が考えていたのは「何が何でも絶対勝つ！」。これだけでした。ただ、自分の選挙事情を十分に把握していたか

出陣式に臨む谷垣氏（1983年7月）

といえば、必ずしもそうではなかった。おやじの選挙を多少手伝ったことがある程度で、何年もかけて選挙区を歩き回ったわけではありませんでしたから。

一方、前尾先生の後継候補として担ぎ出された野中広務元幹事長は、町議、町長、府議、副知事を経験され、選挙区のことをよくご存じでした。私の陣営は、野中さんをすごく意識していましたね。共倒れしないように両陣営で話し合い、野中さんの生まれ育った地域と私のおやじが生まれ育った地域はお互いに手を出さないことなど、いろいろな取り決めをしました。

《強力な助っ人も現れた。後に行動を共にすることになる加藤紘一元幹事長だ。加藤氏は、専一さんと前尾氏が所属していた宏池会（当時は鈴木派）が指導役として送り込んだ衆院議員で、当時すでに当選四回を重ねていた》

宏池会は一六戦争のただ中にあり、宮澤喜一元首相と田中六助元幹事長が後継争いをしていました。会長代行だった宮澤さんは派閥の選挙責任者で、鈴木派議員が二人欠けた補選で後継を当選させられないようでは、領袖候補として鼎《かなえ》の軽重を問われるという意識があったと思います。

衆院京都二区補選にて、京都恒例の候補者そろい踏み。中央が谷垣氏、右端が野中広務氏
（1983年、産経新聞社）

その宮澤さんの下で師団長的存在だったのが、おやじと当選同期で最も仲が良かった金子一平元蔵相、さらにその下で連隊長のような位置にいたのが加藤さんでした。加藤さんは京都に二十日間ぐらい泊まり込み、私に選挙の指導をしてくれたのです。これは半分冗談ですが、あまり熱心なので「祇園《ぎおん》にいい人でもできたんじゃないか」という噂《うわさ》まで立ったほどでした。

加藤さんには「まず地域ごとにどんな課題を抱えているのかを知ることから始めろ」と教えられました。地域の課題を頭ごなしに解決するのは難しい。みんなで議論して納得し合う。それが日本の民主政治の原型だというのが、加藤さんの持論でした。全国比例ならともかく、選挙区の衆院議員はそうやって有権者の信頼を得ていかなければ選挙に強くなれないとも考えていました。

宏池会の代議士はほとんどみんな私の応援に入ってくださいました。宮澤さんと対抗関係にあった田中さんにも来ていただきました。先輩たちが私の選挙区で何をやっていたかといえば、地域の人を十~十五人程度集めた少人数の会合です。これが後に、自民党が二〇〇九年に下野し、私が総裁となってから始めた「ふるさと対話集会」につながりました。先輩方にとって旧京都二区はふるさとではありませんが、この集会はまさに、地域住民がひざを突き合わせて議論する日本政治の原型。加藤さんも「マイクを使って百人や二百人の集会を開いたってだめなんだ」という考えを持っていました。

《八月七日、野中氏とともに初当選を果たした。二十歳年上の野中氏とは当選同期となった》

一九九六年の衆院選で小選挙区制が適用されるまで、野中さんとは五回戦いましたが、票数で私が上回ったのはこの最初の選挙だけでした。自民党の票をきれいに二分して、一緒に当選を重ねていきました。

宏池会の伝統

《急死した父の後を継いで自民党の衆院議員となった谷垣氏は、父が生前所属していた宏池会に入会した》

宏池会の会長を務めた大平正芳、宮澤喜一両元首相には以前から親近感があり、信頼できる政治家だという印象を持っていました。おやじから、しょっちゅう話を聞いていましたからね。特に大蔵省出身の大平さんは農林省出身のおやじとは入省年次が同じで、旧知の仲だったようです。おやじは生前、「大平も俺程度の男だろうと思っとったんやが、あいつは志が違ったんやな。俺はものの考え方が小さかった」と言っていました。

新人議員だった私に派閥のことを教えてくれたのは、若者頭だった瓦力《かわらつとむ》元建設相でした。瓦さんはよく「政治集団は寂しがっている者をつくっちゃだめなんだ。一人で浮かない顔をしたやつがいたら、呼び出して一緒に飲んで歌わなきゃ」と言っていました。体育会系な発想ですけど、チームワークのためには大事なことですよね。加藤紘一元幹事長は瓦さんと当選同期でしたが、もう少し合理的というか、インテリ的でした。

《当時の宏池会では、懇親会の終盤に肩を組んで輪になり、みんなで歌謡曲「旅の夜風」を歌うのが恒例だった》

「旅の夜風」は、初代会長の池田勇人《はやと》元首相が好きだったんです。当時は派閥のみんなで飲み会をすると、最後は決まって肩を組んで「♪花も嵐も踏み越えて　行くが男の生きる道」と歌い、お開きにしていました。そういう慣例などを、派の若者頭が新人に教えていたのです。私も瓦さんに「谷垣、歌え！」なんて言われていました。

二〇二一年九月、当時の宏池会会長だった岸田文雄首相が私の家に来られたとき、「今、岸田さんのとこの宏池会は飲み会の最後に『花も嵐も踏み越えて』って歌ってる？」と聞いてみました。すると岸田さんは「いや、池田先生がお好きだった歌だとは聞いておりますが……」。「そうかあ。それは俺たちの教育が悪かったんだな。瓦さんに教えてもらったことを、岸田さんたちに伝えていなかったんだ」なんてやりとりをしましたよ。

宏池会は（「加藤の乱」を境に）分かれてしまって、伝わっていない伝統がたくさんあります。その全てを今に伝える価値があるかどうかは別として、伝統をどうにかして伝えていくのも必要なことじゃないかと思うんですけどね。

《当選三回を重ねたころ、国会の議事進行係に任命された。衆院本会議で「ギチョーー！」と声を張り上げて議長に動議を行う、若手議員の登竜門だ。加藤紘一氏や古賀誠元幹事長ら、宏池会にも経験者がいた》

私を議事進行係にしたのは加藤さんでした。「東大法学部を出て司法試験に受かったなんて顔をしてちゃあ、この世界は通用しねえんだ。ばかなことをやってると思うかもしれないが、バンカラを踏んだところも見せろ。もっと泥臭さを身につけなきゃいかん」というのが、加藤さんの狙いでした。

指導係の古賀さんと本会議場で練習しましたが、長い文章はなかなか難しかった。できるだけ一言で言い切ったほうがいいとはいうけど、途中で息を継がなきゃ続かないし、舌をかんでしまうこともあるし。役目を終えた後も四～五年にわたって、金子原二郎《げんじろう》農林水産相や山本有二《ゆうじ》元農水相ら後進に発声指導をしましたよ。

若手の間は政務次官の任期以外ほとんど、衆院議院運営委員会や国会対策委員会の仕事をしていました。国対委員長室に詰め始めたころは何が起きているのかわからず、古手の副委員長の解説でようやく理解していましたね。国対は与野党をただ突き合わせているのではなく、人間関係を築きながら国会運営をしているのだと学びました。

議事進行係を務めていたころ（1987年4月21日）

2000~2009

第三章

信なくば立たず

加藤の乱と平成政治の決算

総裁選への初出馬を決め、加藤紘一元幹事長（左）と会談する谷垣氏（2006年07月、産経新聞社）

「乱」の発端

《一九九九年九月、宏池会会長の加藤紘一元幹事長が、盟友で近未来政治研究会会長の山崎拓《やまさきたく》元副総裁とともに総裁選に立候補した。結果は、現職の小渕《おぶち》恵三元首相（党総裁）の圧勝。加藤氏は落選を織り込み済みで、政策論争による「さわやかな戦い」を仕掛けたつもりだったが、無投票再選を目指していた小渕氏は激怒し、総裁選後の人事で加藤派を冷遇した。これが二〇〇〇年十一月の「加藤の乱」につながっていく》

小渕さんに「俺を追い落とそうとしたじゃないか」と激怒された加藤さんは、「いろいろ誤解がある」みたいなことを言っていました。加藤さんと山崎さんがあのとき、どういう話をしていたかは知りませんが、当時の加藤さんの雰囲気からして、「小渕さんを引きずりおろしてやろう」なんて気持ちはなかったと思います。

加藤さんはあのとき、勝負をかけていなかったのではないか。事実、忠実な弟分の一人だった白川勝彦元自治相は大いに不満で「ほどほどにやれみたいなことを言われたって何をやっていいのかわからない。主張を明確にすればいいなんて学生みたいなことをやってどうなるんだ」と怒っていました。

《一方で、加藤氏が小渕内閣に不満を抱いていたのも事実だった。小渕内閣は、行政改革など「六つの改革」を掲げた橋本龍太郎元首相の退陣後に発足し、橋本内閣が進めた経済構造改革を積極財政へと明確に転換した。幹事長として橋本政権の改革を支えた加藤氏は財政再建を重視しており、小渕政権による転換に異を唱えていた》

橋本さんと一緒に改革に取り組んだ加藤さんは、内閣の権限を強くして、バブル崩壊後の不良債権を大胆に整理していくべきだと考えていました。今まではばんばんやってきたものを、ある程度抑えていかざるを得ないという発想だったと思います。

ところが、小渕内閣になったら、橋本さんとやってきた方向が変わってきた。橋本内閣で実行した消費税率の（三％から五％への）引き上げがマイナスに効いてきたことなどもあり、不況が深刻化して、小渕さんは積極財政に舵を切りました。それに対して、加藤さんは非常に不満だったようです。「あんな大盤振る舞いをやらせてどうなんだ」とよく言っていました。

総裁選に出馬したのは、もう少し経済構造改革の路線に戻して、バブル崩壊後の処理を明確にやるべきだと考え、それを天下に訴えたいという気持ちからではないでしょうか。そうすることで、党内に多様な考え方があることを示そうとしたのだと思います。

《二〇〇〇年四月、小渕首相が脳梗塞で緊急入院すると、内閣総辞職に伴い、幹事長だった森喜朗氏が後継の首相に就任した。森内閣の支持率が低迷する中、非主流派の加藤氏は「ポスト森」の最右翼として存在感を高めたが、不満は一層募っていった》

そうはいっても、小渕内閣のときはまだ不満を言うぐらいの話だったのです。後にあそこ（加藤の乱）までいった背景には、森内閣になって全体の改革色が薄れ、不満が非常に強くなったことがあると思います。

総裁選での加藤さんは、やや書生っぽかったかもしれない。白川さんの言うことももっともなんです。私よりけんか好きな白川さんですから（笑）、彼なら「戦うときは徹底的に戦え」と思うでしょう。一方で、政権を握っていた小渕さんが「追い落とそうとした」と受け取るのもわかる。仮に加藤さんが出馬せず、小渕さんも「加藤は俺を支持してくれる」と思っていたら、首相の座が森さんに行くことはなかったのかもしれません。今考えてみたって、わからないことですけどね。

金融再生相への就任めぐり板挟み

《二〇〇〇年二月、金融再生担当相（金融再生委員長）に就任した。一九九九年十月の第二次小渕改造内閣発足時には辞退していたが、前任者が問題発言で引責辞任し、再び白羽の矢が立った。一度目の就任要請を断ったのは、宏池会内で新旧会長の板挟みになったからだ》

つらかったのは、前会長の宮澤喜一元首相からは「小渕さんと話をしている。君に金融再生担当相になってもらう」と言われ、新会長の加藤紘一元幹事長からは「なるな」と言われたことです。宮澤さんは当時、首相経験者ながら蔵相に再登板していました。一方、宮澤さんから禅譲されて派閥の会長となっていた加藤さんは、内閣改造の直前に行われた党総裁選で、小渕さんとの間にしこりを残していたのです。

結局、私は辞退し、越智通雄《おちみちお》元経済企画庁長官が就任したのですが、越智さんが（銀行関係者らに金融検査で手心を加えるような発言をしたことが問題視されて）辞任したため、「もう一回、谷垣に」ということになりました。

前任者の辞任に伴い、一度は辞退した金融再生担当相に就任した（2000年2月、産経新聞社）

加藤さんから電話があったのは、辞任当日の午後六時。私は東京・永田町から車に乗り、帰途に就いたところでした。「小渕さんから電話があった。俺、今度は引き受けたから。一秒で『谷垣を使っていただいて結構』と返事したからな。今すぐ首相官邸に行ってくれ」。言われた通り官邸に行くと、小渕さんから「七時のＮＨＫニュースに間に合うように記者会見してくれ」と指示を受けました。

だけど、そんなことは全然予期していなかったから、何も用意していないわけです。その日の夜には認証式に出るため、モーニングを着て皇居に行かなければなりませんでした。しようがないから官邸にあった誰かのモーニングを借りたら、ズボンがつんつるてん。見かねた支持者に「先生、カネがないのかもしれないけど、モーニングぐらい持っていてくださいよ」と苦言を呈されました。

《金融再生委員長として取り組んだ仕事の一つが「そごう問題」だった。大手百貨店そごうグループはバブル崩壊後、拡大路線が行き詰まって経営不振に陥り、巨額の負債を抱えていた。国民負担を最小限にとどめるため、金融再生委員会の主導で取引銀行による債権放棄が決まりかけたが、「税金による私企業救済」などの批判が噴出して頓挫《とんざ》。

自主再建を断念したそごうは二〇〇〇年七月、四月に施行されたばかりの民事再生法の適用を申請し、事実上倒産した》

本来は担当閣僚が各所に説明に回り、ある程度の了解を得ながら進めるものですが、六月に衆院選があったため、説明が十分にできなかったのです。その間に、いよいよそごうが危ない状況になり、いつまでも待っているわけにはいかなくなりました。それで私がそういう処理をして、選挙後に説明をしたら、反対意見が噴出したのです。その急先鋒が加藤さんでした。

加藤さんは「潰《つぶ》すものはまず潰せ」という考えでした。バブル崩壊後の不良債権処理が続き、北海道拓殖銀行も日本長期信用銀行も日本債券信用銀行も山一証券も経営破綻した。そういう中で、加藤さんが「いいかげんに終わらせちゃいけない」という気持ちを持っていたとしても不思議ではありません。

しかし、そごうのような大きな百貨店を「潰すものは潰せ」でやったら、他の金融秩序などに大きな影響を与えて大変なことになるというのが、当時の金融再生委員会の判断でした。だから、簡単にいえば、奉加帳を回してオールジャパンで立て直すという古い手法によったわけです。

加藤さんは「そんな古い手法はだめだ」と言い、私と大いに意見が対立しました。

「乱」直前の断絶

《二〇〇〇年夏、そごう問題をめぐり加藤紘一元幹事長と対立した谷垣氏は、宏池会の会合を数カ月間、欠席した》

「やってられるか、こんなとこで！」。そう思った私は、啖呵《たんか》を切りました。「加藤先生がそういう考えなら、それでおやりになったらいかがですか。私はしばらく宏池会の会合には出ません。派内の役職も全て返上いたします」。そう言って、家に帰ったのです。

そうしたら、当時座長（派のナンバー２）だった堀内光雄元通産相から電話がかかってきました。堀内さんは「短気を起こすなよ。ちょっと出てこい」と言って私を呼び出し、一席設けてくれたのです。そして「厳しいときだから、いろんな判断があるさ。お前の判断と加藤さんの判断が違うこともあるだろう。だけど、もう宏池会には出てこないとか役職返上だとか、そういう穏やかでないことはやめろ」と私を諭しました。

私もその場では「堀内先生がそこまでおっしゃるなら、先生にげたを預けます」と答えましたが、実際にはそれから数カ月間、派閥の会合には出ませんでした。夏休みは家族で欧州旅行に出かけ、スイスのリゾート地に行ったり、ドナウ川を船でさかのぼったりして、のんびり楽しく過ごしていたのです。

《十一月、断絶していた加藤氏との関係が、風雲急を告げる政界の動きで変化し始める。加藤の乱だ。森内閣の支持率が低迷する中、一九九九年九月の総裁選で小渕元首相に敗れ、非主流派となっていた加藤氏は「ポスト森」の最有力候補とみられていた。座して待っていても首相の座が回ってきそうな状況だったが、加藤氏は野党が提出する内閣不信任決議案に賛成する構えを見せる。加藤氏とともに総裁選に出馬した近未来政治研究会会長の山崎拓氏もこれに同調し、両派による倒閣運動が始まった》

加藤さんとしばらくコンタクトを取っていなかった私は、旅行から帰ってきたらバタバタと動き出して、何が起こったのかわからないという感じでした。でも、長い間お世話になった加藤さんだから、何だかよくわからないながらもついて行ったのです。加藤派にいた川崎二郎元厚労相は、そんな私を心配していたのでしょう。時々「加藤さんは自民党を割るところまで考えているかもしれないぞ」と言うことがありました。

私は「そういうことはあらかじめ大きな方向性の認識を一致させておかないとだめじゃないか」と言い、加藤さんを呼んで派の仲間と話を聞きました。しかし加藤さんは、同調者の前でも「党を割る」なんてことは言わないのです。「ぎりぎりまで追い詰める」としか言わない。

今思えば、加藤さんは「場合によっては党を割る必要がある」という切羽詰まった気持ちだったのではないかと思います。全部かはわかりませんが、半分ぐらいはそういう気持ちがあったのではないか。橋本龍太郎政権でバブル崩壊後の処理を内閣主導でやる手法を整理し、加藤さん自身も幹事長として役割を果たし、せっかく改革路線を敷いたのに、小渕、森と内閣が代わるにつれてそれが薄れていき、「これじゃあな」という思いがあったのだと思います。

加藤さんが実際どこまで考えていたのか、私の考えていることが加藤さんの真意なのかはわかりません。でも、ただ漠然とあれだけの行動に出たわけではないと思うのです。

加藤さんの「浮かぶ瀬」

《加藤氏が率いる宏池会と山崎氏の近未来政治研究会の衆院議員計六十四人が森内閣不信任決議案に賛成すれば、決議案は可決され、森内閣は憲法六九条の規定により十日以内の衆院解散か総辞職の選択を迫られる。加藤氏は強気な発言を繰り返して世論の関心を集め、「森おろし」への期待を高めた。一方宏池会は、当時の野中広務幹事長や古賀誠国対委員長ら党幹部の猛烈な切り崩しに遭った。派内でも加藤氏の行動は「唐突」と一部で強い反発を呼び、宮澤元首相をはじめ長老らの「加藤離れ」が急速に進んだ》

加藤派議員が引きはがされていく中、私には誰からの連絡もありませんでした。「谷垣なんか言っても無駄だ」と思われたのでしょう。加藤さんと私は近い関係にあると、外から見えていたと思いますしね。

加藤さんの行動が派内に敵をつくってきたことは否定できません。（一九九八年十二月の）会長就任以来、加藤さんはある意味では思い切ったことをしてきました。宏池会事務所の移転もその一つです。古い幹部は「なぜこんなことをする必要があるんだ」とぼやいていました。番頭だった木村貢《みつぎ》元事務局長とも大げんかしていました。

野中さんは当時幹事長だったこともあり、野中さんなりによくやられたと思います。古賀さんは加藤派に所属していて、もともと加藤さんとは非常に近い関係でした。政治闘争などについては、加藤さんは私なんかより古賀さんに相談していたと思います。しかし、その二人の間にも亀裂が入ってしまった。私は当時の古賀さんの動きをよく知りませんが、結論としてはそういうことだと思います。

《激しい攻防は十日間余り続き、宏池会は加藤グループと反加藤グループに分裂。世論の期待を高めた加藤氏も、派内をまとめきれないと悟ると、決議案採決への対応方針を「賛成」から「欠席」に軟化させた。衆院本会議で採決に向けた各党討論が行われていた二十日夜、都内のホテルで開かれた加藤派と山崎派の合同総会で、加藤氏は山崎氏と二人だけで賛成票を投じに行く考えを示す。谷垣氏は血相を変えて駆け寄り、「加藤先生は大将なんだから、一人で突撃なんてだめですよ！」と涙ながらに引き留めた》

あのとき、みんなで「俺たちは負けた。ここで打ち止めだ」という話をしたんです。加藤さんもそれで納得したと私は思っていました。それなのに、二人で本会議場に行っ

内閣不信任決議案に賛成票を投じに行こうとする加藤紘一氏（中央）を、涙ながらに引き留めた（2000年11月20日夜、産経新聞社）

て賛成票を投じると言い出した。それで私は「大将一人で行っちゃだめだ」と留めたわけです。加藤さんが「領袖の自分だけは最後までやり抜くんだ」と考えていた可能性は多分にあると思います。

《だが、加藤氏は国会議事堂に向かってはホテルに戻るを繰り返し、結局、本会議場には現れなかった。衆院本会議は二十一日の明け方までもつれ込んだ末、決議案は加藤派の四十五人中二十一人、山崎派の十九人中十七人の欠席などにとどまり、否決された。加藤氏は首相候補として致命的な傷を負い、以後、二度と浮上することはなかった》

加藤さんは優柔不断な人ではありません。何度も国会に行ったのは「身を捨ててこそ浮かぶ瀬もあれ」と考えたからかもしれない。そうだとすれば、身を捨てるようなことはやっちゃだめだと引き留めた私は、加藤さんの「浮かぶ瀬」も潰してしまったのかもしれません。私が引き留めなければ、加藤さんには別の人生があったのかもしれない。申し訳ないことをしたのかなという気持ちも、ないわけではないのです。

しかし、あの場面が何度もテレビで流れるのは……涙を流しているところばかりいつまでもやられては、かないませんな（苦笑）。

役者が一枚上だった小泉元首相

《宏池会は「加藤の乱」を契機に、会長の加藤氏を中心とする加藤派と、座長だった堀内氏が率いる堀内派に分裂した。加藤氏と行動をともにしてきた谷垣氏は加藤派に参加。双方が宏池会を名乗る異常事態は〇八年五月に「中宏池会」として合流するまで続いた》

分裂後の加藤派では、コアメンバーでしょっちゅう飯を食っていました。でも、加藤さんと後になって「乱」の話をしたことはありません。「あのときのあれは何だったんだ」とやってみても始まらない。総括してもしようがないと私は思っていました。総括しようと考えるような人は、加藤さんから離れていったのではないでしょうか。

戦い方はいろいろで、どれがいいかはわからないものです。事態がぎりぎり詰まってくるとどういう行動が出てくるか、全部予測できるわけでもありませんしね。私はけんか師じゃないからああいう行動になりましたが、「どうして突っ込まないんだ」と憤るのも一つの考え方だと思います。

仮に加藤さんが「一人で突撃」していたら、自民党なり政治なりを改革する流れをつくることができたのかもしれません。かつて自民党の中枢にいた立憲民主党の小沢一郎衆院議員は、政治改革を主張して党を割って出ていきました。野党の今の離合集散の動きの中に、いまだに常に小沢さんがいること自体、小沢一郎という人のすごさだと思います。けれども、野党がなかなかまとまらずにいるのを見ていると、小沢さんのやってきたことは何になっているのだろうという疑問も湧いてきます。

自民党は、まとまるべきときはまとまることで、しぶとく生きながらえてきた政党です。党内で争っても、「隙あらば、あいつに取って代わってやろう」と思っている人がたくさんいても、ひとたび「これでいこう」となれば、とにかくまとまろうという意識が働く。加藤さんの動きは、それとは違ったかもしれません。そういう中で「加藤の乱」はどういう意味を持っていたのかと考えると……さて、単純には答えが出ないのです。

《二〇〇一年四月、加藤氏と盟友関係にありながら「乱」を封じる側に回った小泉純一郎元首相が政権を握った。「自民党をぶっ壊す」のフレーズや、世論を味方にした劇場型の政治手法は、加藤氏が「森おろし」でやったことと重なる》

役者としては、小泉さんが上だったと思います。加藤さんはきまじめ過ぎたのでしょ

財務相時代、小泉純一郎元首相（左）と国会審議に臨む（2016年3月、産経新聞社）

う。理屈としては（山崎拓氏、加藤氏、小泉氏の）ＹＫＫトリオで共有していて、それを一番よく体現していたのが小泉さんだったのかもしれませんね。

小泉さんが言った「ＹＫＫは友情と打算の二重構造」は正しいと思います。ただ、加藤さんにはそうズバッと割り切れないところがあって、「乱」のときの小泉さんへの接し方なんかはやや情緒的でした。でも、小泉さんが首相のときの選挙は力を入れてやっていましたよ。そこが、「友情と打算」と言い切れない加藤さんの良さであり弱さなのかもしれません。

《二〇〇二年九月、小泉改造内閣で国家公安委員長に就任した。〇三年九月の再改造内閣では財務相に横滑りし、小泉氏が退陣する〇六年九月まで丸三年間務めた》

再改造当日、小泉さんに呼ばれて首相官邸のエレベーターに乗った瞬間、それまで私についていた国家公安委員長付のＳＰ（警護官）がぱっといなくなって、新しいＳＰが乗り込んできました。「あなたは何大臣の担当？」とたずねると、「財務です」。小泉さんに私のポストは財務相だと言い渡されたのは、その直後でした。「なるほど、ＳＰにきいたほうが早いな」と思う出来事でした。

2012〜2016

第四章

返り咲きの苦心

法相・幹事長 第二〜三次安倍内閣

新総裁に選出された安倍晋三氏と握手を交わす谷垣氏（2012年9月26日、産経新聞社）

仏像と数珠《じゅず》をたずさえて

《二〇一二年十二月、自民党は衆院選で圧勝し、三年三カ月ぶりに与党に返り咲いた。直後に発足した第二次安倍晋三内閣で、谷垣氏は法相に就任した》

新内閣発足直前、誰かの政治資金パーティーの控室で安倍さんと居合わせ、「何かやってくださいよ」と防衛相などいくつかの閣僚ポストを提示されました。いずれも断ると「何だったら引き受けてくれるんですか」と食い下がられ、「そこまでおっしゃるなら」と法相を挙げました。政界に入る前は弁護士でしたからね。安倍さんは「じゃあ、それでお願いします」。組閣の日、首相官邸で告げられたポストは案の定、法相でした。

《在任中は十一人の死刑囚への死刑執行を命じた。法務省が執行の事実と人数を公表するようになった一九九八年十一月以降では、上川《かみかわ》陽子元法相の十六人、鳩山邦《くに》夫《お》元法相の十三人に次いで多い》

過去に執行命令書への署名を拒んだ法相が何人かいましたが、法相を引き受けておいて死刑を執行しないなんておかしい。法律で死刑という制度が定められていて、その執行は「法務大臣の命令による」と書いてあるのですから、個人の信念や宗教上の理由で執行しないのは間違っています。できないのなら、法相としてただちに法改正の作業に着手すべきです。

ただし、死刑制度に対する世論の動向はよく見極める必要があるでしょう。内閣府が五年に一度実施している世論調査では、約八割が死刑制度を容認しています。一方、世界的には死刑を執行している国は少数派。（冤罪《えんざい》などの）弊害もないわけではありません。そういったことには十分に意を用いるべきだと思います。

《執行命令書の署名にあたっては、判決の関連資料を読み込み、死刑囚の生い立ちや犯罪に手を染めた経緯などにも意識を向け、自分なりに納得した上でサインすることを心掛けた》

死刑判決の資料はできるだけ丁寧に読むようにしていました。人の命を奪えと命令する以上は、そのために部下がそろえてきた資料をよく読み、「よし、これはやるべし」というふうにしないといけないと考えていたのです。

死刑執行について会見する谷垣法相（2013年2月、産経新聞社）

だけど、きちんと読み込もうと思ったら結構大変なんです。持ち出し禁止の資料は法務省の大臣室でしか読めませんから、国会会期中は読む時間があまりないんですね。それで執行が閉会直後になると「会期中を避けたのでは」と言われることもありました。

他の法相経験者はどうか知りませんが、私は大臣室の引き出しに仏像と数珠を入れておき、署名時に手を合わせていました。やっぱり、なかなか荷の重い仕事ですから。

私が執行を命じた死刑囚はほとんどが虐待を受けており、「こんな育て方をされちゃかわいそうだな」と思うような子供時代を送っていました。いろいろ事情はあると思いますが、子供は誕生を祝福され、生まれてきてよかったと思える環境で育つことが大事だと、つくづく思います。

一人だけ、タイプの違う死刑囚がいました。高校の同級生が「あいつはクラスのホープだった。必ずひとかどの人間になると思っていた」と証言していたのです。死刑判決を受けるような残虐な罪を犯す人に、こういう証言が出てくるのは珍しい。不思議に思っていると、秘書官が「これはばくちです」と言いました。ばくちに狂い、カネに困って犯した罪だったのです。

私がカジノを含む統合型リゾート施設（ＩＲ）の法整備に慎重だったのは、そういう人の死刑執行を命じなければならなかったからです。カジノは地域の発展に役立つかもしれない。ばくちをやった人がみんな犯罪に手を染めるわけでもないでしょう。それでも、もろ手を挙げて賛成する気にはなれないのです。

青天の霹靂《へきれき》だった幹事長登板

《二〇一四年九月の内閣改造・自民党役員人事で、幹事長に起用された。総裁経験者が幹事長に就くのは初めてだった。消費税率の引き上げ判断や安全保障法制の見直しなど、政権の行方を左右する難題を抱えていた当時の安倍晋三首相（党総裁）は、党運営の安定性を重視し、苦しい野党時代に総裁を務めた谷垣氏を党の要に据えることを決めた》

もう総裁もやりましたから、自分の政治生活はだいたい終わりだと思っていました。改造前に法相を務めたのも、安倍さんに「何かやってくれ」と頼みこまれたからで、もともとやるつもりはなかったのです。その後に幹事長を打診されるとは、全く予想していませんでした。

都内のホテルでひそかに会い、最初は「法相で最後のご奉公のつもりですので」「将来性のある方になさっては」としぶったのですが、あのときの安倍さんは集団的自衛権の行使を可能にするための法整備をするということで、かなり気合が入っていました。「いろんなことに目配りをしなければならない。ぜひお願いしたい」と言われ、引き受けざるを得なくなりました。

《就任後は週一回、官邸で安倍首相と昼食をともにして意思疎通を図った。首相動静に載る形を取ったのは、密な連携を党内にアピールするためだ》

安倍さんと（谷垣氏の前任の）石破茂元幹事長は、何だか波長が合っていなかったですよね。せっかく与党に戻ったのに、あれでは収まるものも収まらなくなるのではないかと、陰ながら心配していました。政治家ですから、隠れて会って話をつけることもないわけではありませんが、総理総裁と幹事長は、表に見えるところで頻繁に会うことも大事なんです。「私たちは常に腹合わせをしていますよ」という外へのメッセージになりますから。

昼食会では、かしこまった議題は設けず、蕎麦《そば》やカツカレーなどを食べながら、よもやま話の中で党内の様子を報告しました。それまで安倍さんとはあんまり付き合いがなく、どんなことを考えている人なのかよく知らなかったのですが、いろんなことに思い入れがあって、よく考えておられるんだなと思いましたね。「谷垣さんがおっしゃったあれですけど……」と切り出されて、「これについては相当、安倍さんも考えてきたんだな」と感じたこともありました。

「魔の二回生」

《同年十二月の衆院選では、多数の新人議員が九割近く再選したが、金銭トラブルや不倫などのスキャンダルが続出し、「魔の二回生」と呼ばれた。現在は当選四回を重ね、岸田文雄政権下で閣僚や党三役に抜擢《ばってき》される議員も出てきている》

小林鷹之元経済安全保障担当相や福田達夫元総務会長らは、なかなか立派ですよね。四回生から彼らを引っ張ってきた岸田さんは、見ているところは見ているんだなと思います。難しいときでみんな大変だろうけど、頑張って伸びてほしいですね。

小林さんは、自民党が野党のときに実施した公募に応募してきてくれたんです。当時の彼は在米日本大使館の一等書記官で、「日本の存在感が低下していて放っておけない。

自分で役に立つならば」と、分厚い手紙をくれたんですね。帰国のおりに会ってみたら、なかなかしっかりしている。「こういう人がやろうと言ってくれるなら、まだ自民党ももつな」と思いました。

というのも、あのときは新しい候補を選ぶのに非常に苦労していたのです。あれだけ評判を落として選挙に大負けした後でしたから、いい人はなかなか自民党に来てくれない。広く集まってもらおうと公募もしたけれど、当初は箸にも棒にも掛からず、とても党公認では出せない人ばかりでした。

《党所属議員の失言も相次ぎ、谷垣氏は「野党気分が抜けていない」「与党議員の自覚が足りない」と憂慮していた》

野党の間に、言いたいことを言う楽しみを覚えた人もいたんです。まとめる責任がない分、解放感もある。与謝野馨元財務相は生前、「とにかく治まっている状況をつくるのが政治」と言っていましたが、これはかなり大切なことだと思います。与党議員は言いたいことを言い募って全体をがちゃがちゃにしてはいけない。完璧さや原理原則に固執していてもいけない。蜂の巣をつつくような状況が続いてはうまくいかないし、説得や妥協をしてでも、どこかでまとめなければならないのですから。

自転車事故

《二〇一六年七月十四日、東京都知事選が告示された。自民党の衆院議員でありながら党の了解を得ずに出馬表明した小池百合子《ゆりこ》元防衛相と、自民、公明両党などから推薦を受ける増田寛也《ひろや》元総務相が立候補し、十七年ぶりの保守分裂選挙となった。谷垣氏ら自公幹部は増田氏の応援に入った》

小池さんは出馬表明の前から、どうも知事選に出てしまいそうな雰囲気がありました。このまま出させてはいけないということで、当時の茂木敏充《としみつ》選対委員長に「一緒に説得に当たってください」と言われ、小池さんに出ないよう迫ったこともありました。だけど、彼女はどうしても「出ない」とは言わなかった。そして実際に出馬してしまったんですね。

《十六日朝、気分転換に趣味のサイクリングに出かけた。この日は土曜日。告示後初め

ての週末だった。普段は走行に集中していたが、終盤、皇居周辺で知事選のことが頭をよぎった》

あの日はどこをどう走ったのか、よく覚えていませんが、最後に皇居前に出ました。乗っていたのは、プロの選手なら時速八十キロぐらい出せる自転車。でも、私は若くもないし、技術者でもないので、五十キロ以上は出さないようにしていました。皇居周辺では三十キロ弱で走っていたのではないかと思います。

自転車に乗るときは考え事をしてはいけません。集中しないと危ないのです。それなのに、あの日は考え事をしてしまったんですね。後から考えると、桜田門の近くにある段差からドンと落っこちたのだと思います。けがをした瞬間のことは全然覚えていません。落車した後、とにかくまず座ろうと思ったんだけど、自分では動けないことに気づきました。そのとき、ジョギングをしていた女性に「動かないで！　私は医療関係者です」と止められた記憶が、かすかに残っています。選挙期間中に自転車に乗ってけがをするなんて、全く、不徳の致すところです。

《次に気が付いたときには、都内の病院の集中治療室で横たわっていた。頸髄《けいずい》を損傷し、

思うように体を動かすことができない。一時は気管切開をしていたため、口頭で会話をすることも難しかった》

集中治療室には一カ月半ぐらいいました。結構な大けがですよね。最初は呼吸のために、のどに穴をあけてパイプで空気を通していました。そうすると声を出せないので、意思疎通するのに非常に不便に感じました。体を動かせないばかりか、口頭で指示を出すことさえできないのですから、とても仕事ができる状況ではありませんでした。

《八月三日には内閣改造・党役員人事を控え、当時の安倍晋三首相（党総裁）から幹事長を続投させる意向を示されていた。安倍氏は持論を封印してでも党内をまとめ上げる谷垣氏に全幅の信頼を寄せており、事故が起きた後も、谷垣氏と面会した上で続投が可能かどうか見極めようとしていた》

とにかく安倍さんに、続投の要請をお受けできる状況ではないと伝えなければいけない。秘書でもあった弟に、私の顔の前で五十音表を持ってもらい、文字を目で追って指示を出しました。正確な内容は覚えていませんが、「すぐに官邸に連絡して辞めさせていただくように」という趣旨のことを伝えたと思います。

面会は固辞しました。「これじゃだめだ」と思ってもらう効果はあるかもしれませんが、とても対応できる状況ではなかったのです。

《谷垣氏からのメッセージを受け取った安倍首相は、やむなく方針転換した。八月三日、谷垣氏の後任に就いたのは、それまで総務会長を務めていた二階俊博元幹事長だった》

2017〜2024

第五章

徳は孤ならず

リハビリとパラリンピック

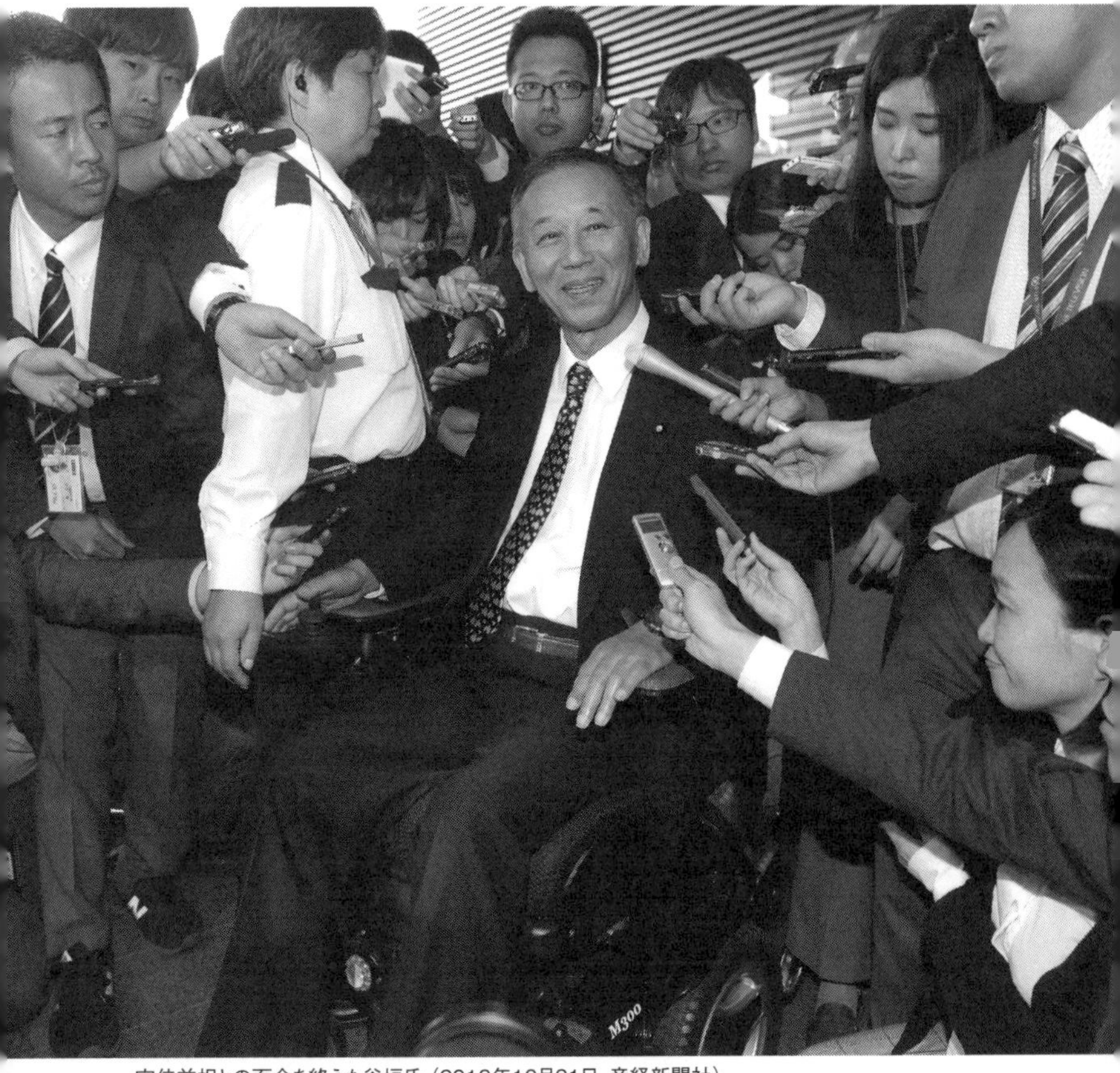

安倍首相との面会を終えた谷垣氏（2018年10月31日、産経新聞社）

社会復帰へリハビリ開始

《二〇一六年秋、一カ月半におよぶ集中治療室での生活を終え、初台リハビリテーション病院（東京都渋谷区）に転院した》

集中治療室では、ほとんどベッドに寝たままの状態でした。一日中パジャマを着て、栄養は点滴で補給していました。手をうまく動かせなかったので、病院食に移行した後も自分で食べることはできませんでしたし、歯磨きなども自分ではできませんでした。ところが、リハビリ病院に入ったら、治療方針ががらっと変わったんですね。転院してきたとき、看護師さんにこんなことを言われました。

「自分でできることは自分でしてください。一日中パジャマで過ごすのはやめて、朝起きたらまず着替えましょう。顔はできるだけ自分で洗い、歯磨きやひげそりも自分でしてください。食事はベッドの上ではなく、自分で車いすを動かして食堂へ行って食べてください」

自分でできることは自分でする――。それは要するに、病院以外の場所でも暮らしていけるようになることです。つまり看護師さんは、私が自宅に帰ってからも暮らしていけるようになるためのステップを説明してくれたわけですね。さらに別の言い方をすれば「社会復帰」への過程を示されたということです。

《自らの社会復帰を考える中で、ふと法相のころの仕事を思い出した。法務省は罪を犯した人の立ち直りを手助けし、職業訓練などを行って、健全な社会人として生きていくための支援をしている》

看護師さんの話を聞いて「どこかで聞いたことがあるな」と思いました。刑務所や少年院に収容された者がやっていることとよく似ていたのです。

受刑者らも社会復帰をしようと思ったら、自分のことは自分でやる必要があります。つまり、自発性を持って取り組まないとなかなか難しいんですね。そして、自分一人でできるなら簡単だけど、そうではないから、いろんな人の助けを借りるわけです。私も理学療法士や作業療法士らの助けを借りています。

障害者と犯罪者の社会復帰に向けた取り組みは、言ってみれば精神は同じで、極めて共通の面があると思いました。こういう言い方をすると嫌がる人もいるんですけどね。

それを理学療法士の団体の方に話したら、こんなことを教えてくれました。「『リハビリ』には二つの意味があります。一つは、傷痍《しょうい》軍人らが身体機能を回復させて社会生活に復帰するための訓練。もう一つは、罪を犯して刑務所に入った人が社会に復帰するための訓練。どちらも『リハビリ』です。だから、谷垣さんがお感じになったことは正しいんですよ」と。

「ああ、そうか」と思いました。社会復帰をしようと思ったら、自分でできることは段階的にやれるようにしていかなきゃいけない。しかし「俺はもうどうでもいいんだ」と捨て鉢になってしまったら、なかなか難しい。「頑張らなきゃ」という気持ちを持たなきゃだめです。

その上で、助けてくれる人がいなきゃいけないし、社会復帰を目指す人たちを支援する公的制度もなきゃいけない。それなしに「はい、これで終わりですから、後は全部一人でおやりなさい」では、それから先、なかなかやっていけませんよね。「自助・共助・公助」のバランスが大事。そういうこともあって、政界引退後、全国保護司連盟の理事長を引き受けました。

《入院中は一日三時間、リハビリに取り組んだ》

初めは「ちょっときついかな」と感じました。作業療法士が手を動かしてくれているときに、いつの間にか寝てしまうことも多かったです。

週刊誌が嗅《か》ぎまわっていたようなので、病院内では偽名を使っていました。今でもリハビリ病院の看護師さんに突然偽名で呼びかけられてびっくりすることがあります。

政界引退、二年三カ月ぶり公の場

《二〇一七年九月、次期衆院選に立候補せず、政界を引退するとのコメントを発表した。当時の安倍晋三首相が衆院を解散したのは、その三日後だった》

当時はまだ初台リハビリテーション病院に入院中でしたが、どうも選挙が近いということになって進退について考え、引退を決断しました。出馬すれば当選はできるかもしれない。だけど、この体でできることには限界があります。今までやってきたことと、これからできることとの落差が激しすぎると思いました。まだ五十歳ぐらいだったら、障害者福祉のために国会議員を続ける選択肢もあったかもしれませんが、年も年（当時七十二歳）でしたしね。

《リハビリに取り組む中で、日常生活においてもいくつもの落差を感じた》

けがをしてから血圧が不安定になり、立ち上がると血圧がすうっと下がって意識が遠のくことが長い間続きました。ちょっと座っているだけでも血圧が八十ぐらいになってしまうので、座って食事ができるようになるまでだいぶ時間がかかりましたね。箸も重たく感じられ、なかなか上げられませんでした。

味覚にも変化がありました。以前は相当辛い物を好んで食べていたんですが、入院してしばらく辛い物を食べないでいたら、病院で食べる普通のカレーライスがとてもなく辛く感じられました。納涼会で一本だけ出された小さな缶ビールも、「ビールってこんなに刺激の強い飲み物だったかな」というぐらい、とにかく刺激が強くて。以前は水のごとく飲み干していたけれど、飲酒初心者に立ち返りましたね。

《数々の落差を体感し、自身が置かれている状況を少しずつ把握していった。努力の方向性を見いだすまでには、長い時間を要した》

健常者のころの自分についてはある程度わかりますが、障害を負った自分についてはわからないことが多いのです。今の自分の能力で何ができるのか。どんな努力をすればいいのか。どこまで苦しさに耐えられるのか。そういったことをつかむまでが、相当大変なんですね。それが、われわれ障害者にとっての問題点なのです。

また、状態は日々違います。例えば、春先に「だいぶ体が軽くなってきましたね」とトレーナーに言われたとしても、リハビリの成果の表れとはかぎらないんですよ。だいたい暖かい季節には体が軽くなり、寒い季節には重くなるものなんです。そういうことも、一年目にはなかなかわからない。二年目、三年目と繰り返してわかってくるんです。

目標は、他人から与えられるより、自分でつくるほうがいい。生活保護や介護保険などの「公助」の仕組みがいくら整っていても、まずは生きていく目標を自分で抱けなかったら、公助もへったくれもないと思います。

だけど、実は何を目標にしたらいいか、なかなかわからないんですよ。一口で「障害者」といっても、抱えている困難は人によって全然違う。同じ「脊髄損傷《せきずい》」でも、悩みは人それぞれなのです。私みたいな七十代後半の人間はいかに体調を維持していくかを考えるわけですが、十代で脊髄を損傷したような子は、これからの人生をどう生きていこうか悩むだろうと思います。親御さんも悩まれるでしょう。孤独感にも襲われる。「自助」というと簡単だけど、自分がどんな目標を立てて、どんな努力をしたいのか、障害を負った人が自分なりに答えを探せる体制づくりが必要だと思います。

《二〇一七年末、約一年五カ月におよぶ入院生活を終えて退院した。翌年十月には当時の安倍晋三首相と官邸で面会し、二年三カ月ぶりに公の場に姿を見せた》

人前に出られるようになったら、まずはともあれ、安倍さんにおわびしなければと考えていました。幹事長としてある程度信用していただいていたのに、私が不注意でけがをして、安倍さんは相当気を揉《も》まれたと思います。「谷垣は俺に幹事長続投を約束してくれたはずだ」という気持ちがおありだったに違いありません。大島理森元衆院議長にも議長公邸で会い、「これからも気を付けて」と声をかけてもらいました。

他人を感動させることがパラリンピックの意義ではない

《二〇一九年五月、東京都の有識者懇談会「東京２０２０パラリンピックの成功とバリ

アフリー推進に向けた懇談会」の名誉顧問に就任した。小池百合子知事からの直々の就任要請を受け入れたが、二〇一六年七月の知事選の経緯から、すぐに受諾する気にはなれなかった》

小池さんもマメな人でね。私の入院中は病院の下を通りかかると「今、下を通っています」とメールをくれることがあったんですよ。名誉顧問を頼まれたのは退院後。私の家にお見舞いに来られたときでした。移転問題でいろいろあった市場の果物を手土産にね(笑)。

ただ、小池さんに言われたからといって、すぐ引き受ける義理はなかったんです。私がけがをしたのは、小池さんの出馬で自民党が分裂した知事選のときでしたからね。でも、「障害者の気持ちがわかる人にやってほしい」と言われると、それでもノーとはなかなか言えませんでした。知事選の経緯がどうであろうと、パラリンピックの応援団は引き受けざるを得ない。多少はお手伝いしないといけないと思ったのです。

《二〇二〇年に開催予定だった東京オリンピック・パラリンピックは、新型コロナウイルス感染症が世界的に広がった影響で一年延期となり、二〇二一年に開幕した。パラリ

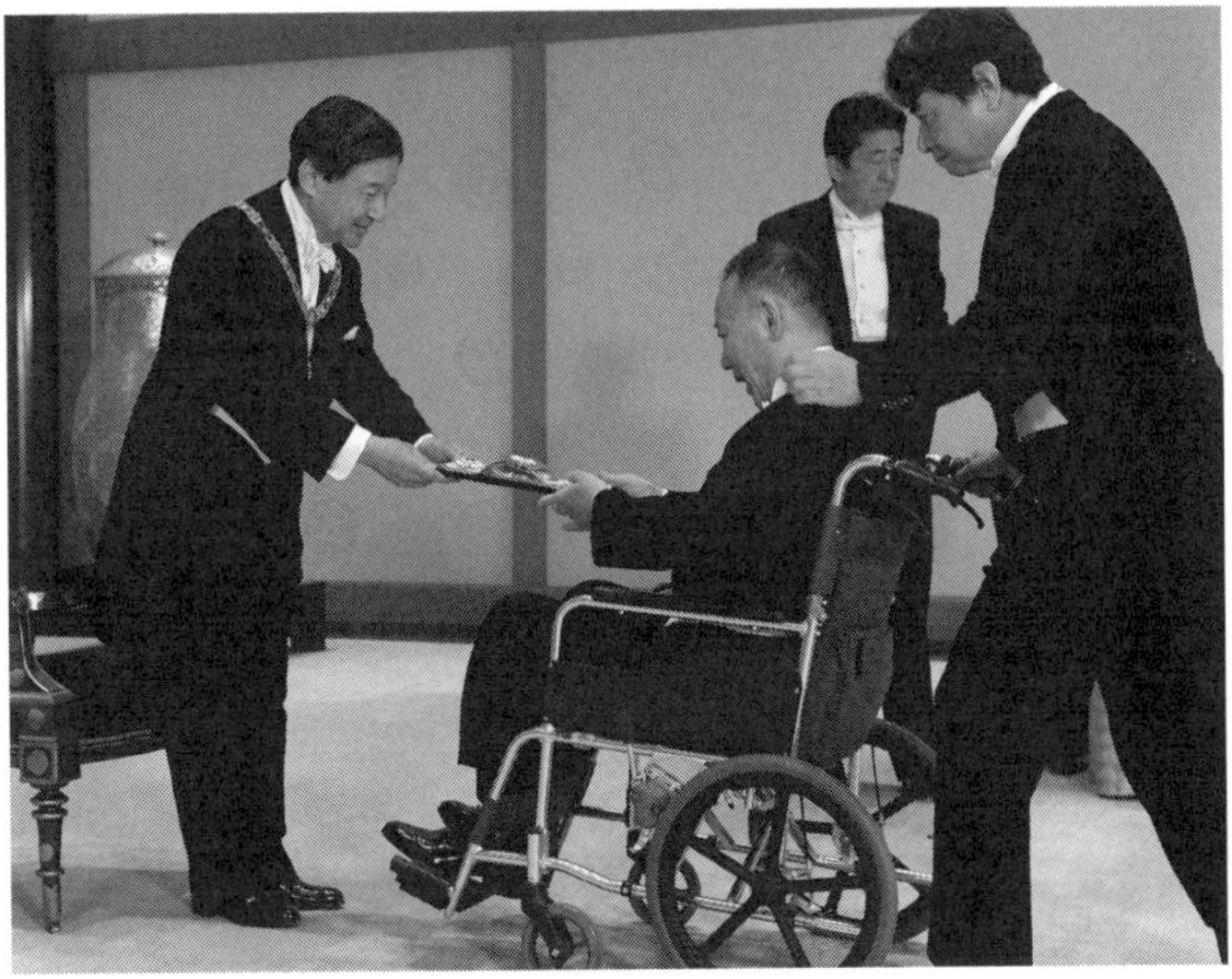

2019年秋の叙勲の大綬章親授式で、天皇陛下から旭日大綬章を受ける（2019年11月、皇居「竹の間」にて。産経新聞社）

ンピックで谷垣氏が注目したのは、自転車競技で日本勢史上最年長の金メダリストとなった杉浦佳子選手（当時五十歳）。女子個人ロードタイムトライアルと同ロードレースで優勝し、二冠に輝いた。杉浦選手は二〇一六年四月、趣味で参加したロードレースで大けがを負い、高次脳機能障害などが残る。同年七月に趣味のサイクリングで頸髄を損傷した谷垣氏とは、けがの時期が近く、要因も似ている》

杉浦さんとは対談したことがあるんです。障害を負ったけど、昔の仲間に「もう一回やろうよ」と誘われて、やってみようと思ったそうです。それで、けがから一年ぐらいで、世界選手権で優勝しちゃったんですね。彼女はもともと相当高い運動能力を持っていたのだと思うし、自転車ももともと好きだったんでしょう。もちろん、努力ものすごくされたと思います。

だけど、その「努力」って、ただ苦しくて面白くないことをやるばかりではなかったんじゃないでしょうか。本人にやる気がなかったら、あんなふうにはなれないと思うのです。他人からいくらやれと言われても、「こんなくそ面白くもないものできるか」と思ったら、できないですよね。リハビリだって、嫌々やっても効果は上がらないんじゃないでしょうか。本人に「これをやると面白いな」っていう気持ちがなかったら続かない。要するに「自発性」が肝心だと思うんです。

パラリンピックに感動するかしないかといえば、感動しますよ。選手たちには「よっぽど頑張ったんだろうな」と人々を感動させる力がある。だけど、パラリンピックの意義は他人を感動させることじゃなくて、まず選手自身が喜びを見いだすことにあるんじゃないでしょうか。

二〇二〇年の自民党総裁選で「自助・共助・公助」と言った菅義偉前首相が、「政治家はまず公助から言うべきだ」と批判されましたけど、公助ばかり言ってもねえ。そりゃ仲間の助けは必要だし、お国もそれなりの制度を用意すべきだけど、自発性を持つ人が自らを奮い立たせられる仕組みを政治が考えることもなくちゃね。初めから「国がお助けしますよ」というだけじゃ、私はうまくいかないと思うんですよ。

《一方、活躍するパラリンピアンらを例に挙げて励まされることに、複雑な思いを抱く障害者もいるようだ》

安易に一流と比較して励まさないでくれというのは、もっともだと思います。しかし肝心なのは、自分がそういう人たちのようにできるかどうかじゃなくて、そういう人たちに対して一種の憧れを持って、自らを奮い立たせること。これも「自発性」ですね。レジェンドはレジェンドなりに、そういう力を持っていると思うのです。野球が好きな小中学生だって、誰もが（米大リーグ・ドジャースの）大谷翔平選手のようになれるわけじゃないけど、彼に憧れて自発的に練習をするわけですよね。私も子供のころ、登山家の今西壽雄さんに刺激を受けて山登りを始めましたが、彼のような大登山家にはなっていません。自転車に長年乗っていたからといって、世界選手権で十連覇した中野浩一さんの走りと比べられても困ってしまいます。

自分がどこまでできるかは別として、まずは楽しむ。それが大事だと思います。

人間、見栄も大事　福田元首相に乗せられて

《二〇二一年十一月、毎週通う脊髄損傷者専用トレーニングジム主催のイベントで、車いす生活となって以来初めて人前で歩く姿を披露した。歩行器を使って約二分、歩行器なしで約一分、シャンソンなどを歌いながら歩いた。歩行訓練には普段から歌を取り入れている》

イベントで歌ったのは「さくらんぼの実る頃」というフランスの古いシャンソン。歩くときに歌うよう、トレーナーに勧められているんですよ。歌ったほうが歩幅が伸びるというんです。「みんなこれをやるといいんですか」ときいたら、「歌いながらやっているのは谷垣さんぐらいかな。だけど理論的にはいいはずですよ」と言われました。

というのも、歌うと胸を動かすんですね。オペラ歌手などは腹式呼吸をするというから、おなかも動かすのかもしれません。リハビリ病院では歌いながら歩くことはなかったですけど、車いすに長時間座っているとどうしても体が固まってしまうので、理学療法士に歌うよう勧められました。

そういうことで、ジムでは「はい、谷垣さん、歌って！」なんて言われながらやっているんですけど、これがなかなか大変。息が切れちゃう。どうもパフォーマンスが悪いと感じたときは、東大スキー山岳部時代の新人しごきの歌を歌うんです。「♪この野郎さあ歩け　歩けなければはって進むんだ」とね。幼稚な療法かもしれませんが、いろいろ試みているんですよ。やるからには、一応、その効能を信じてね。

《人前に出ることを勧めたのはトレーナーだけではなかった。福田康夫元首相もその一

人だ。元番記者の間では照れ屋で知られ、親切な対応とは裏腹に、ぶっきらぼうな態度で照れ隠しをすることが少なくなかった。そんな「優しさの裏返し」を見せるところは、谷垣氏に対しても同様だった》

福田さんは私が退院した後、わが家にお見舞いに来てくださったんです。その際、「人前に出たら実際よりも自分を良く見せようというぐらいの色気は残っているだろう。家の中に引っ込んでいるよりいいじゃないか」と、福田さんがやっている勉強会に誘われました。

「それもそうかな」と思って勉強会に行き、福田さんに言われたことを出席者の前で紹介したら、福田さんは何と言ったと思います？「いや、そうじゃないよ。こき使えるうちはこき使ってやろうと思って呼び出したんだ」って（笑）。いかにも福田さんらしいでしょ。でも人間、見栄も大事ですよね。

《現在では、時おり公の場に姿を見せている。特別顧問を務めていた有隣会の会合で「また自転車に乗りたい」と口にし、事故で心配をかけた後輩議員を慌てさせたことも》

そりゃ乗れるものなら自転車に乗りたいし、登れるものなら山だって登りたいですよ。

だけどまずその前に歩けなきゃね。私の場合は二百メートル歩けたら「今日はずいぶん頑張ったな」というところですから、自転車にたどり着くまでにはだいぶ間合いがあります。そんなに急に「今日は一キロも歩けちゃったよ！」なんていう状況にはなりませんからね。牛の歩みのようなものです。牛の歩みまでいけば大したもので、牛の歩みにもまだまだいきません。

ただ、若いころは山に登り、七十歳過ぎまで自転車に乗っていたわけですから、筋力の多少のよすがはあるわけです。トレーナーによれば、私と同年配の人はもっと足が細くて筋肉量も落ちてしまっているといいますから、そういう意味では、七十歳過ぎまで自転車に乗っていたのは決して悪いことではなかった。元気な人は体を動かせるうちに動かすといいんじゃないでしょうか。

《演説》安定した政治で新たな道を切り開け

（第八十六回自民党大会でのスペシャルスピーチ）

全国からお集まりの党員・党友の皆さん、今日は大変ご苦労さまでございます。ただいまご紹介いただきました谷垣禎一でございます。今日はごあいさつの時間をいただきまして、安倍晋三総裁、二階俊博幹事長をはじめ、党の執行部の皆さんに心から御礼を申し上げたいと思います。

今ご紹介いただきましたように、三年前の夏、私の不注意から頸髄を損傷するという大けがを負いまして、当時は幹事長の仕事を仰せつかっておりましたのに、突然仕事ができなくなるということで、党に大変ご迷惑をおかけしたことを何よりもまずおわびを申し上げたい。このように思っております。

そして、私も政治を引退する決意をいたしたわけでございますが、それから以後、リハビリ、これに対しまして、私が世話になりました選挙区の方々だけではなく、全国の党員・党友の皆さまから大変なお励ましをいただきました。本当にありがたく存じました。このことをこの機会に心から御礼申し上げたいと思います。ありがとうございます。

私が今、楽しみにしておりますのは、来年の東京オリンピック・パラリンピック、なかんずくパラリンピックでございます。けがをするまでは、私自身も障害、障害者、こういうのは皆さん、おしなべて障害者だというような漠然とした意識しか持っておりませんでした。しかし自分が障害を負いますと、障害というのは一人一人によって抱えている課題が全部違うんだなということを今、感じております。

ですから、来年のパラリンピックのときに、パラアスリートの方々がそれぞれの課題をどう乗り越えられて、どう勇気を振り絞って、そうしてあの大会に挑戦をされるのか、ぜひ拝見したいという思いでいっぱいでございます。きっとそれが、私にも勇気を与えてくださる。こんなふうに思っておりまして、来年を機会にバリアフリーがさらに大きく前進するように、心から祈っている次第でございます。

しかし、その前に、申すまでもございません、今年は今上陛下がご退位になり、そして皇太子殿下が新たな天皇にご即位になる。そういう、時代が変わっていく年でございます。折しも、私が申し上げるまでもございません、世界のどこを見ましても、大きな変動に見舞われております。わが国はその中で、やはり新しい道を切り開いていかなければならないと思います。そして、わが国が新しい道を切り開いていくのは、やはり、自由民主党が、今までの経験と、そして国民の間にどれだけ根を下ろせるかということにさらに精進をして、安定した政治をつくっていくことではないか。病床におりながら、そのことをつくづく感じている毎日でございます。

何よりも、今年は統一地方選挙、そして参院選挙の年でございます。今日お集まりの党員・党友の皆さま方が、どうぞ、それぞれの地域で先頭に立っていただいて、この選挙に勝利をして、安倍総理、そして二階幹事長のもとで結集して安定した政治をつくっていただけますように、心からお願いを申し上げまして、私のごあいさつといたします。どうもありがとうございました。

＝二〇一九年二月十日、東京都港区のグランドプリンス新高輪

サイクリングウエアが日常着

《現在は家族や訪問看護師らに助けられながら、都内の自宅で車いす生活を送る。サイクリングウエアに袖を通すのが毎朝の日課だ。リハビリのため、脊髄損傷者専用のトレーニングジムに週二回、初台リハビリテーション病院に週一回通い、自宅でも自主トレに励んでいる》

リハビリなんかをするには、こういう服が一番具合がいいんですよ。体を動かしやすいのでね。右側より左側の手足のほうが冷えてくるものですから、サイクリング用のレッグウォーマーやアームウォーマーも身に着けています。自転車に乗っていたときのものがたくさんあるんですよ。着ているうちに傷んでくるけど、着られるウエアはまだまだあります。

現役のころは日によって予定はいろいろでしたけど、今は一週間のスケジュールがだいたい決まっているんです。朝は六時半にヘルパーさんがみえたら、ベッドから起こしてもらい、ひげそりや歯磨きをする。それから朝食を作っていただいて食べる。新聞各紙はタブレット端末で読んでいます。昔は忙しかったから、はしょって読むこともありましたけど、今は時間がありますから、以前よりよく読むようになりました。

　そういう朝のルーチンが終わったら、自主トレです。理学療法士に来てもらうこともあるし、教わったことを思い出しながら、自分でメニューを組んで取り組むこともあります。例えば、腕の上げ下げを左右各十回五セットとか。常に全部できているわけじゃないですけどね。一時間ぐらいやればいいんだけど、ついさぼっちゃって四十分ぐらいになることもあります。

　外にも週三回、リハビリに行っています。一回三時間ぐらい。帰ったらヘルパーさんに風呂に入れてもらって新陳代謝を良くする。午後五時ごろになったら、またヘルパーさんに来ていただいて、一杯飲みながら夕食をとり、九時には寝てしまう生活です。空いた時間は、本を読むなどして過ごしています。

　リハビリは、つらいといえばつらい。でも、障害があっても体を動かすのは楽しいし、牛の歩みでも成果が出れば励みになります。

《二〇二四年三月、七十九歳の誕生日を迎えた》

以前はリハビリをするたびによくなっていく感じがしましたけど、このごろは体力が落ちて、年を取ったなと感じます。歩けたところで距離は何百メートルもないわけですから、七十幾歳の老人がそれっぽっちしか歩かなければ、衰えていくのは当たり前ですよね。所詮、私の年齢では限界があるんでしょう。（二〇一六年に）加藤紘一元幹事長が亡くなり、（一七年に）与謝野馨元財務相も、（一八年に）園田博之元官房副長官も亡くなってしまったしな……と、そういうことも考えないわけではありません。

でも、だからといって、さぼっていれば、できていたこともできなくなってしまう。車いすの国会議員として活動した八代英太元郵政相は「リハビリは一生の課題」と言っていました。つまり、少しでも身体を動かすこと、それを一生続けることが大事だということでしょう。

五体健全の人でさえ、年を取って体を使わないでいれば、筋力が落ちて歩けなくなるといいますよね。だから、私もできるだけ歩くようにしています。ただ、やり過ぎるとおかしなことになる。そのあたりの加減はなかなか難しいですね。

「自助」は強者の論理ではない

先日はトレーナーのすすめで、階段の上り下りに挑戦しました。自宅の地下室へ続く階段を、手すりにつかまって、ちょっと支えてもらいながら行き来したんです。地下室に足を踏み入れたのは久しぶりでした。うちの地下には、けがをする前に乗っていた自転車がたくさん置いてありましてね。久々に見ると「こんなにたくさんあってどうしようもないな」と思いましたが（笑）、トレーナーとしては、私に「愛車を見る」という目標を持ってリハビリに取り組んでもらいたかったようです。

階段といえば、車いす生活になってから一度も墓参りに行けていないことが心に引っかかっています。おやじ、おふくろ、家内、みんな京都府福知山市の墓に入っているのですが、そこのお寺は階段を上らないといけない。何とかそれをできるようにしたいですね。

《政界では酒豪で知られた谷垣氏。「酒を飲みたい」という気持ちも、リハビリのモチ

ベーションになっている》

リハビリには「頑張ろう」という気持ちを持つことが大事。けがで手をうまく使えなくなったので、作業療法士にねじの開け閉めをさせられていた時期があったのですが、これが辛気臭かった（笑）。だけど、ヘルパーさんが帰った後、もう一杯焼酎が飲みたくなったときに、酒瓶のキャップを開けられなかったら悔しいじゃないですか。これも「頑張ろう」という気持ちですよね。

リハビリ仲間にも、私のような酒好きがいます。私はビールグラスなどは自分で持てるけど、中にはそれができなくて「谷垣さんは盃《さかずき》を自分で口まで持っていくことができる。俺もああなりたい」と、私を目標にしてくれる人もいるんですよ。

また、同時期に入院していた脊髄損傷の患者さんは、大のワイン好きでした。ご家族がお見舞いに来ると、決まってワインの話。私にも「退院したらワインを飲むのを目標に頑張ろうと思っているんですよ。主治医に飲酒を禁じられやしないかというのが、一番の心配の種です」と話していました。「私の主治医も同じ先生だけど、雰囲気的には酒を飲むなとはおっしゃらない気がしますよ」「そういう感触をお持ちですか。それはよかったな」なんて話をしましたね（笑）。その方は私より後に入院されたのですが、退院は私より早かったですよ。

そうやって、弱者が少しでも「頑張ろう」という気持ちを持てる仕組みをつくることが大事だと、つくづく思います。けがなどの程度は人によって違うし、悩みも人それぞれだけど、リハビリ仲間とは同病相憐《あいあわ》れむ関係。ばかな会話をしているなと思われるかもしれませんが、「自分で酒が飲めるようになりたい」というのだって、まさに「頑張ろう」という気持ちです。

自民党が目指す社会保障として掲げた「自助・共助・公助」を、「政治家である以上、まずは『公助』から言うべきだ」とか「強者の論理だ」などとせせら笑う人がいますが、実態がわかっていないんじゃないかと思いますよ。われわれ障害者には「公助」も必要だけど、目標を持って自らを奮い立たせている人の「自助」を、国が後押しすることもあってしかるべきだと思います。

終　章

誠は天の道なり、これを誠にするは人の道

後輩へ贈る言葉

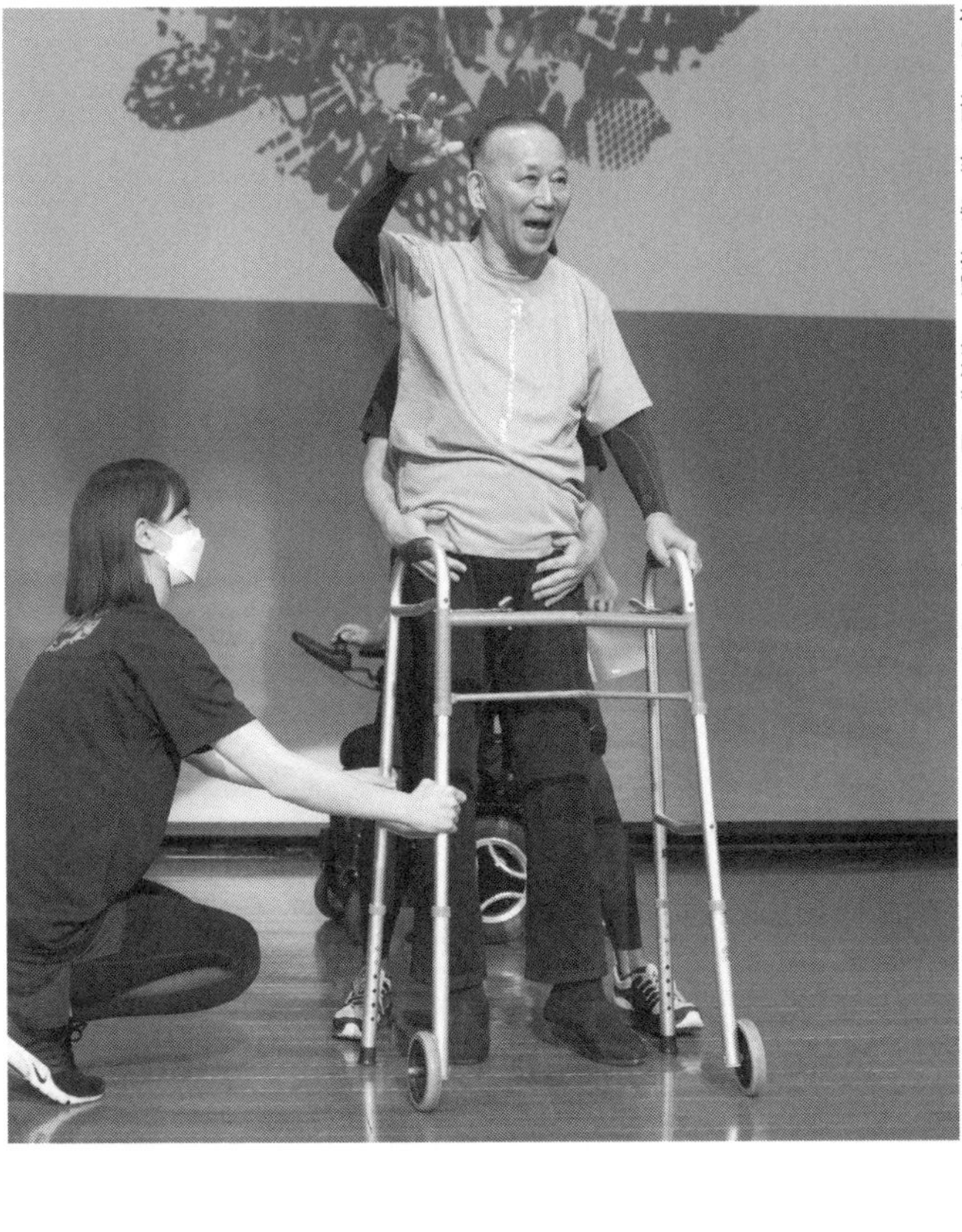

初めて人前で歩く姿を披露し、来場者に向かい手を上げる谷垣氏（二〇二一年十一月二十八日、共同通信社）

われわれの世代は何をしてきたのか

《最近は、同世代の人たちの回顧録をよく読んでいる》

日経新聞の連載「私の履歴書」のような、人生を振り返る記事に目を通すのが、新聞を読む一つの楽しみにもなっています。私と同世代の人もよく出ているでしょう。ああいうのを読むと、「この人はあのころ、こんなことを考えていたのか」という発見があります。性別や職業、政治的立場などが違っても、過ごしてきた時代の雰囲気には共通のものがある。ああ、俺たちの時代はこういう時代だったと、再認識するのです。

われわれの世代は一体何をしてきたのか。年を取ると、そういうことも考えざるを得なくなってきます。われわれはどんなことに喜び、どんなことにぶつかって悩んできたのか。時代の課題にどう取り組み、何を残してきたのか。この年になって、そんなことをじっくり考えるようになりました。

《三十年以上に及んだ国会議員生活には心残りもある》

私自身も、現役時代に何か「政治家としてこういうことをやった」というのを残せたらよかったんですけど、自分がやろうと思っていたことについては十分にできたとはいえません。日本経済を牽引《けんいん》する成長のもとを見いだそう、種をまこうと考え、自ら希望して（一九九七年に）科学技術庁長官になりましたが、その後、不良債権の処理や金融機関の整理などに振り回され、やろうと思っていたこととは全然違う方向に進んでしまいました。それは今でも残念に思っています。

科技庁長官のころに考えていたことの一つは、バイオテクノロジーやナノテクノロジーをもっと伸ばす必要があるということです。しかし今日日《きょうび》になってみても、例えば新型コロナウイルスの国産ワクチンがなかなか出てこなかったのをみると、あのとき考えたことをその後も追求して政治が少しでもバックアップできていたら、と思います。

自分がやってきたことに関しても「こんな副作用を生んでいたのか」と思うことばかり。ものの見方が足りなかったと自省することが至るところにあります。予期したことはある程度起きているけれど、予期しなかったこともたくさん起きている。思った通りになんて、絶対にならないです。人の知恵なんて、それぐらいのものなのかもしれません。

《現役時代は、専業主婦だった妻の佳子さんに家事を任せきりだった》

終戦の年（一九四五年）に生まれた私は、戦後できた新憲法（日本国憲法）は素晴らしいものだと教わった世代です。その憲法の中で「男女同権」はかなり大きな項目でした。しかし、結局、その私が何をしたかといえば、政界に出て、家事は全部女房に押し付けた。後援会の会合にも、当然のように来てもらっていました。今思えば、女房にもうちょっと礼を言うべきだったという反省があります。

家事はやってみると結構大変。おふくろが亡くなったときにつくづく感じたのです。例えば、代議士だったおやじに頼まれて、選挙資金を銀行に預けたとき。銀行に行って戻ってくるだけで、かなり時間がかかりました。家事にはそういうことがいくらでもあるのですね。司法試験の勉強をしているときに「雨漏りがするから何とかしてくれ」などと言われるのも、非常に重荷でした。

家のことは女房に任せきりだった私に、偉そうなことを言う資格はない。あの世の女房にも「あなたに家事の何がわかるの」と言われるに違いありませんが、専業主婦でない人が家事に取り組むのは大変だと思います。働く女性が増え、共働きの夫婦も多くなった。それなのに、相変わらず家事や子育ては妻任せというのではね。日本は女性議員が少ないといわれますが、そりゃ選挙に出るのもなかなか大変だろうと思います。

《佳子さんが亡くなった後、孫が二人生まれた》

女房は、孫は見ていないんです。でも、娘が亭主になる人をわが家に連れて来たときは、えらく張り切っていました。「変な肉を買ってきてはだめ」と、私に二子玉川まで肉を買いに行かせたりして（笑）。

私は跡取り息子がほしいとは全然思いませんでしたけど、女房に「男の子も育てたかったな」と、ぽろっとこぼしたことがあります。そうしたら女房は「あら、あなたそんなふうに思っていたの？　私は娘二人で満足しているわよ」と言っていました。

子育てって大変だけど、面白いですよね。「あんなにかわいかった子がなぜこんな憎たらしいことを言うのか」と思うこともありましたけど（笑）。でも、終わってみると、宝物のような時間じゃないかな。

今は政治家にとってまれにみる嫌な時代

《ロシアによるウクライナ侵攻から丸二年が経過した。国連の安全保障理事会の常任理事国は、ロシアと連携する中国に米英仏が対峙《たいじ》する構図が続き、機能不全に陥っている》

思い出すのは、新人議員のころに福田赳夫元首相から聞いた話です。日本を含む各国は一九二九年の世界恐慌を協調して乗り越えることに失敗した。その結果が先の大戦であり、われわれの敗戦であると、福田さんは言っていました。

新型コロナウイルス禍《か》による傷の克服も、国際協調がカギになるだろうと私は考えていました。しかし、二〇二二年にロシアがウクライナを侵攻し、米中が対立を深め、国際秩序の基本にあった国連安保理が機能しなくなっている。そういう中で、ロシアとウクライナの戦争をどうやって終結させるか。これが国際社会にとって今、一番の課題になっています。

独立国家の主権を侵すロシアに非があるのは明らかです。しかし、この戦争を終わらせるのは非常に難しい。一九四五年の日本の終戦は、大都市がB29に焼かれ、沖縄の地上戦に敗れ、広島と長崎に原爆を落とされ……と、あれ以上ないところまで追い込まれた末の降伏によるものでした。しかし、ロシアのプーチン大統領やウクライナのゼレンスキー大統領は、負けっぱなしではやめられないでしょう。

国連安保理の機能不全も、戦争終結を余計に難しくしていると思います。終結時には国連安保理を今後どうするのか、いじるのかいじらないのかといったことも、焦点になってくると考えられるからです。その際、日本がすごく損な立場に立たされるわけにはいかない。日本の政治家にとっては、新しい戦後秩序の中でわが国がそれなりの地位を占められるようにすることが大きな課題になってくるでしょう。

《戦争が長期化している影響で、エネルギーや穀物などの原材料価格が高騰し、日本でも国民生活への負担が増している》

ウクライナ支援も国民生活にもしっかりと目配りをしないといけません。二年前は、コロナ禍の傷をいかに修復し、国民生活を正常に戻すかという局面でした。そこへ今度の戦争が勃発《ぼっぱつ》し、物価が上がった。こういうときは国民の不満が募ってきます。

しかし、戦時にすごく評判のいい政府をつくるのは難しい。今は首相が誰であっても、「うまくやった！」と大喝采《かっさい》を浴びることはないでしょう。だからといって、しょっちゅう首相を交代させていてはうまくいかない。日本の政治家にとってまれにみる嫌な時代が来ていると思います。

私が初当選したころは、（物価上昇と景気悪化が同時に進む）スタグフレーションと盛んにいわれていました。それから四十年ぐらいたって、またスタグフレーションといわれている。以前は（市場の競争原理を重視する）新自由主義的な路線を行き、それが一巡して、次はどんな手を打つべきかが問われています。

岸田文雄首相が掲げた「新しい資本主義」のような考え方は、私は十分にあり得ると思います。「分厚い中間層の復活」とか、宏池会で育った者としては、そういうものを目指していこうという考えはよくわかる。

ただ、その中でどんな成長戦略をとれるのかについて、もう少し発信がほしいですね。それがないと、経済政策に安定感が出てこない気がするのです。具体策を立案する段階においては、官僚の力を借りてもいい。学者に案を作ってもらったり、経済人の知恵を取り入れたり、やり方はいろいろあると思います。しかし、基本的なことについては、岸田さん自身がしっかり考えて発信しなきゃだめでしょうね……と、隠居が口で言うのは簡単ですが。

岸田さんが二〇二一年の自民党総裁選に出馬し、私を訪ねてきたときにも「首相になるのなら、方向感覚だけはしっかり持って」と伝えました。細かなことは他人に任せてもいいけれど、舵を切る方向だけは、為政者自身がしっかり意識していないと、展望が曖昧《あいまい》になってしまいますから。

海外視察で観光をする意味

《岸田首相はG7（先進7カ国）と連携してウクライナを支援する一方、グローバルサウス（南半球を中心とする新興・途上国）との関係強化に努めている。二〇二三年のG7広島サミット（先進7カ国首脳会議）では他の参加国に対し、グローバルサウスへの関与や支援が重要だと指摘した》

Ｇ７と協調しつつ、グローバルサウスを取り込もうとしている岸田さんは、日本の強みを生かしてよくやっていると思います。

というのも、グローバルサウスの中には、旧西側の主要国の「上から目線」に腹を立てている国もあるからです。事実上、一強となった米国や、植民地支配の過去を持つ英仏に対して「西側リベラリズムのおごり」を感じるのですね。

日本も明治以降、欧米の価値観をかなり受け入れてきたし、それが日本の価値観とそう大きくかけ離れているわけでもありません。それでも、グローバルサウスからは「日本は俺たちの立場を考えてやってくれる」と思われているところがあります。

それは、戦後の努力やＯＤＡ（政府開発援助）などの国際貢献があったから。「日本は苦労を重ねた末、こんなにうまくやっている」という敬意があるのですね。岸田さんはここをうまくすくい、グローバルサウスと他の先進国とのつなぎ役を果たそうとしている。そういう意味では、的確な外交をやっていると思いますよ。

《旧西側のＧ７にロシアを組み入れたＧ８の枠組みは、二〇一四年にロシアがウクライナ南部クリミア半島を併合したことをきっかけに停止した。谷垣氏はまだＧ８サミットが開催されていた〇六年、財務相としてモスクワで開かれた閣僚会合に参加した》

あのときのロシアの張り切りぶりといったらありませんでした。有名なオペラに招待されて劇場に足を運ぶと、「今日は日本の財務相がおみえになっています」と会場に歓迎の拍手を促し、夕食会にはトップバレリーナが来て、最後はプーチン大統領と面会……。

つまり、当時はロシアもG8の一員として生きていこうとしていたということでしょう。今のように旧西側と対立することは望んでいなかったはず。旧西側の国々にも冷戦終結後、もう少しロシアを抱き込むためのうまいさばき方はなかったのかと思います。

米国務省のロシア担当者から、こんな話を聞いたことがあります。「ロシアには旧西側に対する潜在的な恐怖心がある。フランスのナポレオンやドイツのヒトラーに攻め込まれた歴史があり、『何とかあそこに耐えられるようになりたい』という気持ちが本能的にある」と。もしかしたら、日本も怖がられているかもしれません。小さな国と思っていたら、日露戦争であんな結果になったのですから。

ロシア以外の国々にも、日本人にはわからない苦労があるはずです。日本の戦後教育は、こういうことを身にしみて感じるような教え方をしていないのではないでしょうか。われわれは過去の歴史を相当目を広げて見なければならない。他国のことを理解しようと思ったら、実際に訪れて歴史を体感する必要もあるでしょう。

《二〇二三年、自民党女性局の幹部がフランス研修中にエッフェル塔の前で撮影した写真をSNSに投稿し、「観光旅行のようだ」と批判を浴びた》

観光をばかにしてはいけない。向こうの議員と会議するだけでは知り得ないことって、たくさんあるんですよ。

フランスを視察するなら、例えばルーブル美術館やノートルダム大聖堂などにも足を運んで、フランスの歴史のふくらみを肌で感じてほしい。世界的傑作が生まれた背景には何があったのか。なぜその歴史的建造物が造られたのか。この国は一体何を恐れているのか。そういったことを、歴史を体感しながら考えることで、その国についての理解が深まっていくのです。

外国の議員に対しても、同様のことがいえます。日本の首相や外相と会った外国の要人はたくさんいるけれど、伊勢神宮（三重県伊勢市）や出雲《いずも》大社（島根県出雲市）には行ったことがないというなら、「そんな人が本当に日本のことを理解しているのかな」と素朴に思いますよ。

国会議員が海外視察へ行ったら、現地をしっかり観光し、往年の建築物や美術品などにふれ、現地の食べ物を食べ、現地の酒を飲めというのが、私の考え。世論も、そういうものに触れるゆとりまで叱らないでほしいなと思います。

党派の違い乗り越え前進を

《引退から六年半たった今も、政界関係者らの面会依頼は絶えない》

現役の政治家や閣僚のころ一緒に働いた官僚たちが時々、訪ねてきてくれるんです。私がかつてやっていたこととか、それを踏まえて今どうみているかとか、そういったことは聞かれたら答えるようにしています。ただ、今の政治のトピックスに関しては、あんまりOBが口を出すものじゃない。現役の人たちがやるべき仕事ですからね。

後輩議員には、党派が違っても敬意を表することのできるカウンターパートを得てほしいと思います。私にとって野田佳彦元首相がそうだったようにね。

米国では民主党と共和党の対立が激化し、韓国でも肝心なときに保守と革新が対立しています。そういうのを見ていると、立場の違う相手を罵倒し誹謗《ひぼう》するだけじゃなくて、何か協力し合うこともないと、いざというときに国の選択を誤ることにもつながりかねないという気がするんです。

もちろん、なあなあではいけないし、国対政治がいいとはいいませんが。

《首相を目指す議員には「まとめるトレーニング」も積んでほしいと願っている》

意見が対立しても、どこかの時点で議論をまとめる責任が、与党にはあります。そのためには、説得や妥協といった技術が必要になってくる。いい加減といえばいい加減なんですけど、落としどころを見つけて「このへんで手打ちにしましょう」とやることが求められます。そこが、まとめなくてもいい野党との大きな違いなんですね。

「とにかくおさまっている状況をつくるのが政治」という表現を使ったのは与謝野馨元財務相ですが、これはなかなか味わいのある言葉。すごくいい風にまとまるなら、それが一番いい。でも、ほとんどの場合、完璧にはできっこない。そうであれば、絵を完璧に描きあげることにこだわるのではなく、「このへんは塗り方が少し粗いけど、全体としてはなかなかうまく描けている」という状況をひとまず目指す。その上で、粗くなったところを後で修正する。そうやって、まず曲がりなりにも全体がおさまっている状況をつくり、その中で現状を少しずつ前進させていく。それが政治であり、与党議員の仕事なのです。

もちろん、原理原則にこだわる人も必要ですよ。原理原則なんかどうでもいいという人ばかりでは困ります。ただ、首相を目指す人は、原理原則にいつまでも固執していてはいけない。説得や妥協をしてでもまとめあげるトレーニングを積んだ方がいいでしょう。

難しい議論でも「この人に任せておけば心配ない」という安心感。そういう取りまとめ役が、私と当選年次の近いOBにも何人かいました。

例えば、高村《こうむら》正彦副総裁。私が幹事長のとき、集団的自衛権の限定行使を可能とする安全保障法制の与党協議を主導してもらいました。彼はとにかく頭が切れる男。「谷垣さんは横に座っていてくれるだけでいい」という感じでした。大島理森元衆院議長もその一人です。「大島さんが議長席に座っているなら、おかしなことにはならないだろう」という安心感がありました。

《未来の政治家に対する期待も大きい》

現役の政治家に頑張ってもらいたいのはもちろんだけど、新たに政治家を志す人も出てきてくれなくてはね。揶揄《やゆ》や批判の多い仕事ですが、それほどレベルの低いことはしていないと私は思います。志を持った人が選挙の洗礼を受け、有権者の声を聴きながら政治に参加してくれることを期待しています。

特別対談

谷垣禎一×大島理森・元衆院議長（聞き手：水内茂幸）

「合意形成と議会政治」

谷垣　大島先生、今日は花を添えていただきありがとうございます。私も年を取りました。過去を振り返りますと、私の政治生活のなかで、特に野党になったときに、大島先生に幹事長や副総裁として支えていただき、一緒に仕事ができた。あれが本当に大きかったと思うんです。

大島さんは一九八三年の十二月の総選挙で初当選されましたよね。私はその四カ月前の八月の補欠選挙で初めて議員バッジを付けました。大島さんの初当選同期にも、優秀な方がたくさんいらっしゃった。その中でも「ああ、大島理森っていう人はこういうふうに今、見てるのか」と考えることが、私の政治人生で本当に何度もあったんです。

おそらく、大島さんの大きな基礎になったと思うのは、海部《かいふ》俊樹《としき》内閣で官房副長官をされたでしょう。このご経験だと思います。当時、私は防衛政務次官でした。あのときはイラクのサッダーム・フセインがクウェートに攻め込み、米国から「日本もやれることはやれ」と迫られた。

しかし、それまでの憲法九条の解釈から見ると、日本はほとんど何もできない。どうしたらいいか。防衛政務次官として非常に苦しみました。あのとき、大島さんは官邸におられましたよね。防衛だけではなく、もっと上の外交も内政も全部、海部首相を支える立場として非常に苦しかったのではないか。ただ、あの経験が大島さんを大きくする契機だったのではないかと思うんですね。

国会対策でも大変苦労された。こんなこと言っては失礼ですが、けんかするばかりじゃ議会政治家にはなれません。他の党と、向こうの立場も考えながら話をしなければいけない。大島さんはいろんなところに人脈をお持ちで、そういう訓練をずっとやっておられた。だから野党になったとき「ここは大島さんに幹事長を引き受けていただきたい」と考えたのです。

私は、それを誰にも相談しないで決めちゃった。当時は派閥が復活して横行する時代になっていましたから、「なんで俺たちに相談しないで勝手に決めるんだ」というお叱りもたくさん受けた。

ただ、あの三年間を野党として耐えられたのは、やっぱり大島さんに幹事長や副総裁を引き受けていただいたのが大きかった。大島さんと一緒にできたことをありがたく思っているんです。まずはそのお礼を申し上げなきゃいけない。


大島　むしろお礼を申し上げるのは私のほうです。谷垣先生にそこまでおっしゃっていただくと本当に光栄です。その立場をご指名いただきながら、責務を全うしたか忸怩《じくじ》たるものがあり、恐懼《きょうく》の至りです。

谷垣先生とは、いろいろな場面で思い出があります。（衆院当選）二期生までは、ある勉強会でご一緒させていただいた。非常に広く深く見つめ、物事を判断される、一言で言うと信頼できる先生だと。最初はそういう出会いでした。

官房副長官としての経験は、おっしゃる通り、学ばせていただく場面が多かったです。湾岸戦争、バブルの対処、あと政治改革ですよね。

もうひとつ、国会運営上で、私が副長官を辞めた後、お忘れになっていないと思うんですが橋本龍太郎内閣での住専国会がありました。当時、谷垣先生は土井たか子衆院議長の下で衆院の議院運営委員長をされていました。確か衆院副議長は、鯨岡兵輔《くじらおかひょうすけ》さんでしたね。

国会内では、衆院第一委員室ですさまじいピケが張られました。谷垣先生は衆院本会議の議事をつかさどる立場として、大変苦しかったと思います。与党の立場からすれば、ピケをなんとか回避してもらわなければならない。ここで冷静な判断が光り、粘り強い努力も続けられたことを覚えております。

お話しいただいたように、われわれが野党になったとき、谷垣先生から「幹事長をやれ」と電話をいただきました。そのときのお言葉で引き受けようと考えました。先生の重い、決意の言葉でした。

谷垣 「抱き合い心中してくれ」といったんですよ。

大島 「抱き合い心中」という言葉は今でも忘れられない。あそこまでおっしゃっていただくと、これはもう、全力で尽くさなければならんと思いました。野党になった責任は、当時の執行部の末席とはいえ、自分にも責任がある。谷垣総裁ともども、政権奪還を目指すことが務めだとも思いました。

あの三年半の野党時代、谷垣総裁をお支えする立場、すなわち自民党の再生を担う立場で仕事をさせていただいた。

谷垣総裁の期待に十二分に沿えたでしょうか。野党の苦しみに耐え、頑張って政権復帰させた政治家・谷垣禎一という自民党の今日ある姿を作ってくれた先生に、私自身が本当に尽くしたのかどうか。ただ、そういう場を与えていただいたことには、ただただ感謝申し上げたい。本当にありがとうございました。

「とにかく国民の中に入っていかなきゃだめなんだ」

谷垣　とんでもない。私が総裁として一期で終わり、後は安倍晋三さんが自民党をもう一回政権に返してくださったわけですが、そこに至る道筋は、大島さんとかなり一緒に頑張ったと思うんですよね。

大島　谷垣総裁だから、私は尽くすことができた。いわゆるケミストリーが合う先輩の先生だと思います。それだけに、先生の自転車事故というのは……。

率直に申し上げると、先生を総理・総裁にしたかった。

それはそうでしょう。先生は三年半野党総裁として耐えて、その間、自民は大きな分裂がなかった。私どもは細川護熙内閣のとき、一度野党を経験しましたね。このときの自民は国会の中で過半数を持っていないものの、勢力が一番多い「比較第一党」だったんです。谷垣総裁のときは、完全野党でした。比較第一党ではないのです。

谷垣　そうですね。

大島　谷垣総裁になる直前の衆院選では、自民は完全に負けました。この悔しさ。この苦しみ。反省の中で耐え切れたのは、やっぱり谷垣総裁の政治家としての人格とリーダーシップでした。谷垣総裁だからこそ、公明党も野党として共同歩調を取ることができたと思います。そういう意味では、「谷垣総理・総裁」という席をみんなで作り、新しい時代の自民と日本の政治を担っていただきたかった。

さっき「忸怩たるものがある」と言ったのは、本来そのぐらいお世話していただいたのに、力を十分発揮できなかった自分に、深い自責の念みたいなものがあるんですよ。

谷垣　何をおっしゃいますか。今までの大島さんを見てきて、「この人に幹事長として支えていただきたい」と思ったのはもちろんですが、それだけではありません。

野党になった後の総裁選を勝って、さあ、これからどうしようかというときでしたね。大島さんから資料やいろいろな考えをまとめたものをいただいた。その中に、どなたか忘れましたが、座談会で「国民の声をよく踏まえて」という意見が出た場面がありました。政治の中だけじゃなく、「国民の意見を広く聞け」という内容でした。

当時は加藤紘一さんも「とにかく国民の中に入っていかなきゃだめなんだ」と私にアドバイスしてくれた。それには自民党の総裁だといって大勢を集めて演説会や大演説を打《ぶ》つなんてことじゃだめなんだと。「マイクなんか使わないで議論ができる機会を設けろ」と言われた。

大島さんの「草の根の声を汲《く》み取らなきゃだめだ」という意見とあわせて考え、党再生の原点として（地域で少人数の集会を重ねる）「ふるさと対話」ができた。これは青森の彼、亡くなった……

大島　木村太郎さん。

谷垣　木村太郎さんがよく頑張ってくれましたよね。首相経験者も、森喜朗さんや麻生太郎さんが、十人ぐらいしか集まってないような本当に小さな会合にまで行っていただいた。

うまくいったこともいかなかったこともありますが、草の根の声を聞いてもう一回自民党を立て直すと。やっぱりあれは大きかったと思うんですよね。

大島　総裁のご指示でそういうことをやりました。集会の模様は中央紙には載らないけれど、必ず地方紙には載ります。首相経験者が現地まで出向いて話す話題性もある。「国民政党」とうたうわれわれが、そういうところからもう一回、出直しを図っていく。こういう姿を谷垣総裁が作った。そのことが政党に対する信頼につながった。「そこまでして、お前たちは出直そうとしているのか」と。

谷垣　あっちこっちに行き、その土地土地で、その地域を担っておられたり、一生懸命生活しておられたりする方の生の声を聞く。これは大きかったと思うんですよ。

大島　今の政治にも必要なのかもしれませんね。

谷垣　そうですね。今、自民党もいろいろなことがあり、国民の信頼を少しというか、相当失ってるところがある。野党が「自民に取って代わるぞ」と意気込んでいるこのときに、そういう「草の根の声まで」というものがあればよかった。

それからもう一つ。やっぱり党というのは、自民党でいえば総裁と幹事長。この腹が合ってないとなかなかできない。

党運営をしていると、いろいろ難しいことも出てきます。普段、自民党総裁は政権を取っているときは官邸にいて、幹事長は党本部の幹事長室にいるわけですよ。

ところが野党になると、総裁と幹事長はすぐ隣の部屋にいて、しょっちゅう顔を突き合わせる。向こうの方から「総裁おるか」なんて声が聞こえて、大島さんが私の部屋に入ってくる。

大島　総裁に言ってるんじゃないですよ。総裁付きの秘書さんにいうんです。

谷垣　そうやってすぐ尻をたたいてもらえることも良かったんですよ。

全てが変わった3・11

大島　二〇一一年の東日本大震災。三月十一日ですよね。発災から数日後、当時の菅《かん》直人首相から谷垣総裁に「連立政権を組めないか」と電話をいただいた。多分、総裁のところにはいろいろな方々からご意見が届いたと思う。あのときのことも忘れられませんね。

谷垣　そうですね。ぶっちゃけて言えば、あの地震が起こるまでは、もう絶対「この菅政権は俺たちが倒すぞ」「倒せるぞ」と、こういう雰囲気だったんです。ところが震災が起こって大島さんと話したのは、「これは向こうから協力を求められたら断れないよ」と。「だから、場合によっては連立もあるかもしれないな」と。こういう話は、大島さんと発災の日にしてますよね。

菅直人さんもそういうことを考えられたのだろうけどね。ただ、どうも結局のところ、菅さんの気風と私の気風が合わなかったのか。国家の危機が来たときに、与党と野党の幹部があさっての方向を向いていても困るんだよな。結局のところ、向こうから連立の依頼もあったが、どうも「そういう局面でもなさそうだな」という話を大島さんとして、最終的にならなかった。

私も全部は聞いてないけど、議会政治がよくわかる大島さんだから、あのときもさまざまな野党のパイプを通じ、対応されていたに違いないんですよ。

大島　当時、官房副長官だった仙谷由人《せんごくよしと》さんとは何回かお話をした記憶があります。総裁からあのとき「（連立を打診する）電話があるが、どう思いますか」と尋ねられた。あのとき、僕は副総裁だったと思う。

「菅首相」という政治家としての存在、あるいは「人間・菅首相」というものに対する谷垣総裁の全人像。これを考えると、私はお二人が信頼関係を築くことは、おそらく無理だと思ったんです。だから「これはお断りしたほうがいいんじゃないでしょうか」と申し上げた。

あのとき、先輩の首相経験者の何人かから「連立を組むべきだ」というお話を確かにいただいた。協力できるところは協力しようと、谷垣総裁は判断したわけです。ただ「連立」となると、責任だけこちらがかぶるようなものになりはしないか。菅首相は、何かあると、大変攻撃的な様相になる政治家でもありましたから。

谷垣総裁はほとんどおっしゃらないんですけど、与謝野馨さんが離党したときは、気持ちとしては非常につらかったですね。

谷垣 私は与謝野さんと一緒にさまざまな仕事をしてきました。与謝野衆院議運委員長の下で、私が与党の筆頭理事とか。税や……

大島 財政。

谷垣 財政問題でも、与謝野さんに随分指導を受けてました。私にとっては、信頼する先輩のお一人だったんですね。ただ、あの方は政策通だから、やっぱり与党にいて腕を振るわないと、あの人の良さも出ないところもあるんですよ。

あのとき、与謝野さんに限らず党から出ていかれる方がいた。ああいうことも野党はつらいですね。

大島 つらいですね。（与謝野さんと一緒に離党した）園田博之さんも、非常に人気が

自民党の野党時代を支えた谷垣氏（右）と大島氏（左）（2024年3月、都内）

あった。都知事になられた方（舛添要一氏）も出ていく――。なんで出てくんだと思ったけれど、全体としては、繰り返しますが、谷垣総裁の寛容性、度量の広いリーダーシップのおかげで、党は大きな分裂を起こさないで済んだ。私はこう思います。

相手と敵対するばかりでは、議会政治は進まない

――谷垣さんは総裁に就任した直後、「十年ぐらいは政権に戻れないんじゃないか」と当時番記者だった私にもおっしゃいました。

谷垣　細川政権のときは、自民は十カ月間で政権に戻ることができました。だけど、今度はそうもいかないかもしれないと。正直にいうと、あのとき、おっしゃるように「十年ぐらいは野党かもしれないな」と思っていました。

ただ、幸いにして三年三カ月で政権に戻ることができた。本当のことを言えば、政権に就くまで（総裁を）やりたかったというのはその通りなんですけど、そうもいきませんでした。何とか政権に戻れてほっとしたというところまでですかね。

大島　谷垣総裁が、政権復帰を目前に迎えた総裁選に出られなかった。この総裁選の開

票直後、党本部の最上階のホールであいさつされたとき、誠に見事な出処進退に対し、そして先生の功績に対し、万雷の拍手でした。私は涙腺が緩みました。

野党時代は党の綱領も直しましたね。伊吹文明元衆院議長にやってもらった。それから当時、幹事長だった大島理森っていうのは「顔が怖い」ともいわれた。

谷垣　とんでもなかったですね。

大島　初めて言われたときは「この野郎」と思ったが、うちへ帰って鏡を見たら、確かに顔が怖くなっていました。昔、谷垣総裁が「大島さんは若いころ、東北の團十郎といわれたんだ」とおっしゃっていた。それが怖い顔に。

谷垣　大島さんが若いとき「青森の團十郎」と言ったことがあるんですよ。團十郎という人は最後、決めるところはビシッと決める。

――野党時代、お二人は「自民党とはどういう政党なのか」と問い直す作業をしましたね。「保守」の意味も見つめ直す作業も進めました。

谷垣　そういう気持ちはありましたね。「草の根に帰る」というかね。まずは国民の間に入り、国民の声をもう一回、どういう思いを今の政治なり自民党政治に持ってるのか聞き取ろうということが、スタートだったと思います。

それを形にする上では、伊吹文明さんに委員長になってもらい、新しい党綱領を作った。そこで「自助・共助・公助」というスローガンを出していただいた。保守党である自民党としては、もう一回スタートするには、簡潔だけどいい綱領を作っていただいたと思っているんです。

ただ、今になってつくづく思うことがあります。菅直人さんと私の波長が合わないとか、いろんなことがあったんですが、あのとき私たちがやろうとしたことは、実は菅さんとの間でそうかけ離れていなかったなと思うときがあるんですね。

例えば、われわれは（少子高齢化が急速に進む今後の日本では）どうしても社会保障財源が必要だから、消費税をもう少し上げることが必要だと考え、参院選の前に党の公約の中に掲げました。実は、菅さんも同じようなことを考えていた。

議会政治に難しいところがあると思うのは、当時、これから大きな川を渡っていかなきゃならないときに、先方は野党におんぶしてもらって渡ろうとしているんじゃないかという風に、われわれからは見えたんですね。

民主党政権で官房副長官を務めた松井孝治《こうじ》さんに後で聞いたことがあります。彼によると、当初は菅首相も「（消費税増税に）反対だ」と言ってきたが、政権を得て、真剣にいろいろ考えると「それじゃあやれない」と、かなり突き詰めて真面目に考えたらしいんです。ところが狭量な私には、なかなかそうは見えなかったんですよ。

そういうことを思い出しながら、現在の政治に照らして考えてみると、私は今の自民党は、大島さんのような「議会政治」が大切になると思うのです。相手とけんかして敵対するばかりでは、なかなか議会政治は進まない。

いろいろなことをまとめるときほど、相手の言うことをよく聞かなければならない。その中で、なあなあで妥協ばかりしちゃだめなんだけど、相手の本音もしっかり聞かなければならない。単に、表に向かってかっこいい演説をしようということじゃとてもだめです。

議会の中で共通点を探り、結論を出していく。そういう訓練を議会人はしないとだめなんだ。

表に向かって大向こうがうなる演説も、必要ないわけじゃないと思いますが、それだけじゃ物事は進まない。どうやったら合意を作ってやっていけるか。私の総裁時代にも、大島さんがそういうことを随分やってくださったと思いますよ。

大島　菅さんが消費税の問題に乗り出したとき、私は「しめた！」と思いました。当時、参院選はすぐそこにあった。民主党が政権を奪う際の衆院選で、消費税の問題に言及していればよかったのでしょうが、政権を取った後にこの問題が出てきた。ならば、こちらは正当に「国民に約束していないじゃないか。もう一回選挙をやって約束しろ」ということができるでしょ。

菅さんは頭のいい方で、国会では、私たちは彼の鋭い質問にやられてきました。ただ、この一件をみると、政治の運営力に欠けるのではないかと思ったのですね。

だから、菅さんが消費税を言い始めたときに「これで戦えるぞ」という思いを持ったのです。菅さんは、政治家として、あのときはよく決断をしたと思います。ある意味では勇気あることだったでしょう。あれは。ところが、選挙に入ってから、あっちこっち変わるんですよね。消費税に関する言い方が。

谷垣　やはり、煮詰めてないところがあったんですよね。

大島　例えば、軽減税率の方針に関しては、青森に来たときと、岩手、秋田へ入ったときとそれぞれ変わっていくんですよ。「今は煮詰めていない」と見えました。逆にあのとき、われわれは政権奪還のために、今まで先方にやられてきた手法を全部、使うと腹を決めました。逆に。だからねじれ国会を作る。そうすると政権を追い込んでいける。

政権を追い込む場となる衆院予算委員会は、ベテランの町村信孝さんが与党筆頭理事、加藤紘一さんが次席理事という、異色のコンビで臨みました。私は党内の全体図をみて、「町村筆頭」がふさわしいと思ったんです。谷垣総裁に「それでいいんじゃないか」とおっしゃっていただき、加藤さんもよく理解してくれました。この二人がときには激しく、それこそ自民が総力戦で戦えるよう奮闘してくれたんですね。「これでいい戦いができるぞ」と、本音でそう思いました。

――野田佳彦元首相との社会保障と税の一体改革の合意では、一大政局劇にもつながりました。

大島　あのときは谷垣総裁の決断のもと、私は裏方を務めました。

谷垣　大島さんもいろいろな人脈をお持ちだから、いろいろなことをやっていただいたと思うんですけど……。野田さんも政権を取ってみると、消費税をきちっとしなければ社会保障も何もできないと感じておられたんだと思うんです。

あのときの党首討論で、野田さんは私に「消費税を上げたい。協力してくれ。これはあなたが今まで言っていた主張でもあるんだ」と求めてきた。私は「でもあなたの足元で、あなたの党内で、あれだけ反対している人がいるじゃないか」と反論しました。

「あなたの党の大物議員である小沢一郎さんが反対しているじゃないか。私に協力しろと言う前に、自分の党内をまとめることが先じゃないか」と切り返したんですよ。そうしたら彼、そこがまた彼のすごいところですが、「たとえ民主党が半分に割れようとも私はこれをやり抜く」って言うんですよね。

あのときは私に「野田は本気だ」と思わせた。

自民党の中にも、消費税に頼りながら財政を健全化していくことに対し、あまり前向きでない方もいた。ただ、将来の国家を考えたときに、「消費税を上げなければ」という点で、基本的に与党と野党の党首の考えが一致したということですよ。

先程の話に戻りますが、やはり私にとって、与謝野さんが自民党を出ていったのは大打撃でしたが、与謝野さんは向こうの党に行って閣僚をやるわけですよね。与謝野さんの描いた絵が相当向こうに浸透したと思うんです。このへんの功罪は見る立場、視点によって違う。なかなか政治家の動きも難しいなと思いますよね。

——「**派遣した工作員」という位置づけですか。**

谷垣　いやいや、そういうわけじゃない。工作員と一緒にしないでよ。与謝野さんに失礼だからね。

大島　政治家同士、合う、合わないがありますが、「谷垣総裁と菅首相」「谷垣総裁と野田首相」という組み合わせを考えると、僕は谷垣総裁と野田さんだったら行けると思ったんです。全人像的に考えると、菅さんよりは話ができるという感覚を持っていました。社会保障と税の一体改革は少なくともやらなきゃならん。しかし「野田さんの足元は大丈夫か」と、私も思っていました。なかなか演説はうまいのですがね……。ただ覚悟は見えましたよね。

――そうですね。

大島　覚悟は見えた。そうすると、どこかで衆院解散を約束してもらったら、一緒にこの問題に取り組める。そういう可能性もなくはないなと、私はそばで見ながら思いました。

野田首相の周りの方々と色々な話をしたのは事実です。ただ、おっしゃったように野田さんは党内をまとめ切れなかった。われわれ自民党も、当時、国民の皆さんから非難を受けた大きな理由の一つは、党内のガバナンスが弱いということでした。こうなると、国民は信用してくれませんよね。野田さんにとって、それはつらかったと思うし、最初は（合意は）無理だなという感じもありました。

二〇一二年八月の谷垣総裁と公明の山口那津男代表、野田首相の三者会談の合意が画期的であり、衆院解散への道筋となったのです。それが政権復帰につながりました。大変貴重な会談でした。野田首相は、この場で「近いうちに解散する」とおっしゃった。現職の首相から「近いうちに」なんて言葉を引き出すのは大変なことなんです。

党の立て直しは責任感の再構築から始めよ

――社会保障と税の一体改革は実現しましたが、それを通じて民主党では小沢氏らが集団離党しました。しかし自民は割れませんでした。

谷垣　そういうことだったのかもしれないですね。

それでね、大島さん。昔の思い出話に乗っていただいたけど、その過去を振り返ったうえで、今の自民党をどういう風にもう一回、立て直していけばいいかというところに来ていると思うんですよ。どう思っておられますか。

大島　なかなか難しい。むしろ私が谷垣先生に聞きたいぐらいですよ。

お互い、もう現職から離れておりますけども、かつてわれわれが谷垣総裁の下で野党になり、もう一度、自民党の基本に返ろうと立ち上がったようなことをやってほしい。やっぱり最後は「自民党は国民のことをちゃんと考えてくれている」と思ってもらえるか。「自分たちだけでなく、俺たちのことを考えてくれている」と思われるような信頼を取り戻すことが、一番大事な気がします。

われわれは、主権者である国民の皆さんから任されているわけですね。任されている「責任感」が薄れると、襟《えり》を正さなきゃならない問題が出てくる。自分たちが作った規則や法律を守ろうとする気持ちが、当たり前ですが、まず一番大事だと思います。もう一度、責任感の再構築ですよね。党だけでなく政治家一人一人まで大事な気がします。制度改正も大事ですが、心構えとしてね。

しかし、野党時代の苦しみを経験していない先生方が非常に多くなってまいりましたね。

谷垣　そうですね。振り返ると、私らがまだ自民党の政治に参加していない時期も含め、自民党が国民に非難されることが度々ありました。われわれの記憶では、例えばロッキード事件がすごかった。わが家でいえば、おやじはロッキードの後の選挙で落選しています。

それから、私もこのとき苦しかったなと思うのは、リクルートや金丸信《かねまるしん》元副総裁が逮捕された事件の後の選挙ですね。当時、われわれは比較第一党は譲らなかったけれども、細川政権で十カ月、野に下った。私はあのときの選挙でなんとか当選できましたが、非常に苦しい選挙でした。

そして、私どもが野党になった二〇〇九年の選挙ですね。ここでも私はなんとか当選しましたが、あのとき近畿の小選挙区で当選できたのは、私と二階俊博さんだけだったんですよ。

大島　私の初当選同期では、私と二階さんしか当選できませんでした。極めてきつかったですね。

谷垣　きつかった。私は比較的、他の選挙では楽に通ったんですけど、このときばかりは非常にきつかったですよね。こういうときは、もう一回、国民の信頼を取り戻すにはどうしたらいいかという原点に返らなければならない。

今も自民党内ではいろいろな議論がされている。過去もそういう議論はしてきたし、そこで分析したことが全部、適切だったかどうかはわかりません。ただ、だんだん時がたってくると、その反省を忘れるところが若干ありゃしないか。今度も議論されたようですが、しっかりその精神を守っていくことが、基本としては必要なんじゃないかなと思うんですね。

そのときには、自分のやってきたことの繰り返しを言ってもいけませんが、「国民の声を聞く」ってことが大事じゃないかと思うんです。

「派閥」の功罪

谷垣　一方で、現在、世間で議論されてることに多少不安感を覚えることもあるのです。例えば「派閥」。悪いところもたくさんあるかもしれないけど、いいところも私はあると思うのです。
大島さんは三木・松村派、その後を継いだ河本敏夫《こうもととしお》先生の下で大成されたでしょ。こう言うと失礼ですが、（番町《ばんちょう》政策研究所は）決して大きな派閥ではなかった。だけど、存在意義がなかったかといえば、決してそうではない。やはり、それぞれの派閥にそれぞれの原点みたいなものがある。岸田文雄首相が率いた宏池会と、安倍晋三さんが会長を務められた清和政策研究会では、原点からしてかなり違ったのは事実です。

要するに（政治には）そういう原点みたいなものが、時々必要になる。俺たちの初心は何だったのかと。そういうものが。

たくさんの党がまとまってできた自民党だから、ある意味、それが多様性の良さにつながることもあるし、逆にバラバラの原因にもなる。しなくてもいい対立をする原点にもなる。派閥論というのは、なかなか難しいところがあります。

大小さまざまな派閥がありますが、それぞれの原点は変わったとは思いません。そういうところの良さが、時々「キラッ」と出ることもあると、私は思うんですね。

――派閥同士で競い合い、自民内で疑似政権交代を果たしていくという効果もあるでしょう。各派が切磋琢磨する、その総体が自民党であるともいえるでしょう。各議員の教育を担う面もあるのではないですか。

谷垣　そこはあると思います。弊害はなくしていかなければなりませんが、いい面は残してほしい。相当、矛盾したことを言っているとは思います。

こう言うと共産党の人は怒るかもしれません。「派閥対立をなくせ」などと言い、共産党的な政党になればうまくできるかもしれませんが、そうなっちゃ自民党はつまらん。こう思うんですね。

――派閥をなくせば、全体主義的な独裁になるとの指摘もあります。

谷垣　そういう点もあるでしょう。他方、派閥が弊害を残してきたということは、派閥が大きくなり過ぎたことも一因となったのではないか。適正規模っていうものがあるかもしれない。

それぞれの派閥は主流派になったり非主流派になったりします。しかし、たとえ非主流派でも、自分たちを作り上げてきた原点を失ってはならないという「反骨精神」みたいなものが、政党にはないといけないんじゃないかと思うんですよね。表現が適切ではないかもしれないけど、そこは難しい。

大島　谷垣総裁のときに、派閥解消論とか、党名まで変えろって言う若い連中がいましたね。それを言った先生方の名前を言うと、「えっ？　その人はそんなことも言ったんですか」って言われるから言いません。

民主主義論から言えば、民主主義ではどうしても「党派」は必要なんですよ。その党派の範囲で、まず政党があるだろうし、党の中でまた志が合う人たちもいろいろあって、それぞれが議論する。

そういう多様性や意見の違いがぶつかり合う。そこで議論が生まれなきゃ、民主主義じゃない。

派閥の弊害といわれますが、実際なくすとなれば、派閥のない新しい自民党では、いろいろな人の意見をすくい上げ、まとめていく方法をどうするのか。谷垣総裁のときには、議員総会を当選期別や地域のブロックに分けてやりました。

一方、今の派閥で何が問題だったかといえば、各グループが独自に資金を集め、それぞれの身内の論理だけで「日本の政治を動かすことができる」と思いあがっていたことではないか。そのあたりの改善点を制度的に考えるべきではないでしょうか。

もう一つ、個々の先生方が、自分のグループは何のためにあるのかを考えるべきです。それはもちろん、国民のため。そこを忘れちゃいけません。

谷垣先生のご指摘は、民主主義下での大きな課題です。ひとつひとつをみんなで相談して決めてくれればいいけれど、独裁的、権威主義的な党になってはいけない。

――自民党では、今回の派閥パーティー収入不記載事件を受け、麻生派以外の全ての派閥が解散を決めました。党所属議員の約八割が無派閥になる計算です。ただ、これがガバナンスの低下も招いたようで、今は党内がバラバラの印象も受けます。現状をどう見ていますか。

谷垣　確かにそうだと思いますよ。今、相当気を引き締めて、自民党の果たす役割は何かを考えてやっていかないと、おかしくなってしまう。

自民党だけの問題ではなく、今は政治不信も広がっています。非常に大きな課題ですよ。

それと同時に、ちょっと話をずらしちゃいますが、私は前の戦争が終わる直前に生まれました。大島さんは戦争が終わった直後にお生まれになっている。私や大島さんが生きてきた政治は、大きくいえば、冷戦があった時代から冷戦が終わった時代に合わせ、変化しました。ただ、今まで続く大きな国際体制の枠組みがいつできたかといえば、あの戦争が終わるころですよね。戦勝国が、基本的にこういうことで戦後はやっていこうぜと。「これだけの大きな戦争が起こったので、それなりの弊害を考えた」と。それが基本になってると思うんです。

今度のロシアとウクライナの戦争と、イスラエルとハマスの衝突は、第二次大戦以降の中でも大きな戦争になったと思うんですね。今、課題としてあるのは、どうやって二つの戦争の後の国際秩序を作っていくのかということでしょう。

例えば、今までの国際秩序の基本にある国連の安全保障理事会が今、機能不全に陥っています。今後の秩序をどうつくっていくかという問題を同時に抱えている。

そういう問題が起きてくるときには、国内の政治も難しくなるんですよ。例えば、世界有数の小麦の輸出国であるウクライナから、穀物が通常のルートで輸出できなくなっている。これがアフリカで飢餓《きが》を生んでいる。かといって、ウクライナを助けるためにウクライナ産小麦の関税を安くしようとすれば、今度はヨーロッパの農業体制が苦しむ。そうした環境の中で、どういう戦後体制を作っていくのか。その中で日本はどういう役割を果たしていくのか。これが問われる。日本の今の政治は、足元の国民の信頼をどう得ていくかと、そういう国際情勢にどう臨むかという二つの問題を同時に抱えている。これが今の状況だと、私は思います。

そういう中で自民党がふらふらしていたらしょうもない。多分ですよ、岸田さんにとって、一番頭の痛い問題はそこじゃないか。戦後秩序に向かって日本がどういう役割を果たせるか。それを果たすために、自身の足腰がしっかりしてるかと。

これだけの国際情勢の中で日本が相応な役割を果たすために、自分の足元もしっかり整えていかなきゃならない。そういう意識を持って進まなきゃいけない。具体的にどうすればいいかといえば、なかなか簡単じゃないけど。

——米国ではトランプ元大統領が復権しそうな勢いもあります。米が保護主義的な傾向をさらに強めれば、日本も国際社会への向き合い方が一層厳しくなります。

谷垣　日本は基本的に米国を中心とする秩序や、そういう国際的なリーダーシップのもとで生きてきた。それでよしとしてきたわけですが、米自体がどういうリーダーシップを発揮していくか、よく見えなくなってきた。そういうことも含めてやっていかなきゃならないときですよね。

大島　私は今こそ日本の政治がしっかり健全にならなければならないと思う。国民の信頼を取り戻して、国際社会の中で日本の立ち位置がどうあるべきか。この議論を大いに国会で、あるいは政党間で議論する課題が残っている。これが谷垣先生のお言葉であったと思います。

今年は米大統領選がある。われわれは戦後、米国の民主主義に一種の憧憬《しょうけい》の念を抱きながら来た。けれども、じゃあ今の米国の民主主義というものが、われわれにはどう映っているか。

今の中国の大変大きな存在、ロシアのウクライナ侵略、中東。こうした情勢の中で、日本の政治の在り方が問われる。極めて厳しい時代ですよ。だからこそ、日本の政治がもう一度、国民の皆さんから百%、あるいは七十%、いや、少なくとも半分くらいから「頑張れ」と言われるように、まずは立て直すことが必要ではないでしょうか。

「新しい世界の中での日本の立ち位置を作ってくれ」というのが谷垣先生のお話だと思うし、私もそのように期待したい。それが、世界への貢献につながるとも思います。

大いなる議論と合意の積み重ねが大切

——お二人は、党派を超えて合意を作っていきました。今の政治家はそこが弱いのではないですか。

大島　申し上げたいことがある。合意を実現するには、大いなる議論が必要なんですよ。議論した上で合意できることは合意したらいいし、それでも合意できなかったら採決すればいい。この努力をしなければいかん。

谷垣　それは、議会政治をどう考えるかということが、あると思うんですね。自分の言いたいことを言って済むわけではない。どうやって議会の中で意見の違う人と、ぎりぎり話し合っていく努力の積み重ねができるか。「何もできなかったら困るでしょう」と互いに考えながらね。われわれの時期のエースが大島さんですよ。

大島　そんなことは。

谷垣　そうなんです。人の目には見えないかもしれないけど、こういう地道な努力を続け、日本をまとめていく。それはプロの政治家の努力。これが、必要なんだと思います。

――社会保障と税の一体改革にあたっても、見えないところで野党と相当議論を重ねたのではありませんか。

大島　それはしましたよ。

谷垣　交渉もしたし。

大島　接触もしましたね。

谷垣　大島さんもやってくださった。税の問題を扱ってきた伊吹さんらもやってくれた。こういう局面では、その党の総合力みたいなものが関係してくる。そういう努力を今のわれわれもしなきゃならないし、野党も、努力を積み重ねてもらいたい。

――今の野党を見ていてどうでしょうか。本気で政権交代を目指しているようには見えません。二大政党制の一翼という意識に乏《とぼ》しく、目先の議席だけ取ればいいと考えているように映ります。

谷垣　われわれが議員生活をスタートさせたころ、野党をリードしたのは日本社会党でした。社会党の基本的なイデオロギーは、マルクス主義。これに基づいた世界の見方、経済の見方があったと思う。冷戦構造の中で自民党と社会党が対峙するのは、それなりの意味があったと思うんです。

ところが冷戦構造の崩壊後、今までの野党の中心理論では、うまく組み立てられなくなった。野党が自民党に対抗するにあたって、どういう理論というか、どういう基本方針で行くか――。今でも相当苦労してると思う。

だけど、こっちも対岸の火事のように言ってると、これはだめなんですよ。今までの政治と違うことがいろいろ起きているわけでしょう。例えばSNSがさまざまな議論を過激にさせているところもありますよね。社会が変わっていることを、私たちもしっかり踏まえているか。どういう仕組みでやっていけばいいのか。

今は多数を占めている自民党にも迷いがあるし、野党にも迷いがあるでしょう。という私も、快刀乱麻を断つような意見がなかなかできません。

大島　今の野党は、政党の名前を変え過ぎています。さらに分裂し過ぎです。落ち着いてやればいいのに運営力がない。問題は理念と同時に、運営力のなさなんだろうな……。

大同連携をもっとしてほしいですよ。今は理念の軸を一生懸命探しているとは思うけれども、それと同時に、民主主義には一定の「数」が必要ですから、そこをしっかりして、我慢して。

野党には、三年半も政権を経験した方々がおられるでしょ。野党間の連携を強くしながら、自公に対し、まずは存在としての対立軸を作る。そこで、社会の中でどういう位置付けを取るべきか、一つの軸を作る。緊張感を持った日本の政治を作るためにも頑張っていただきたい。

――今の自民党は、今回の事件で責任を取らないベテランに、中堅・若手が激しく反発するという構図が目立ちます。

谷垣　若い人からも優秀な人が出てきているし、伸びてきている面が一方ではありますよね。

ただ、われわれがあまり偉そうなことを言えないのは、今度と同じようなことを過去に何度も繰り返しているからです。大島さんもそういう中で随分、いろいろな議論をされてきた。

初めはみんな「反省」となるが、しばらくたつと忘れちゃう。それが、野党総裁になるときに「野党生活は十年は覚悟しなければ」と思った一因でもあります。反省を踏まえた緊張が続いてるうちはもつけれど、緩んでくるとおかしくなってくる。

そういう繰り返しをやってきたので、あんまり偉そうなことを言うと、ちょっと自分で恥ずかしくなっちゃうんですよ。締まりのないことを言ってすみません。

大島　野党時代の谷垣先生は「生活している人たちの姿をすくい上げていくのが自民党の、あるいは政治家の基本ではないか」とおっしゃっていた気がする。

今の若い方々は非常に優秀。私よりずっと知識がある方がたくさんおられます。そのうえ、世界も見ておられる。見識があるのは素晴らしい。

ただ、同時に忘れてほしくないのは、大きな世界を見つつも、毎日、一生懸命生きている人たちの姿に触れながら、そういう人たちの信頼を失っちゃいけないという気持ちを持つことですよ。

——「若い」といえば、最近は若者の有権者の投票率が著しく低いです。与野党関係なく、政治自体への関心が薄れています。「政治不信」という言葉も出ましたが、若い人の政治離れをどう思いますか。お二人がこだわった社会保障と税の一体改革も、「将来世代に現代のツケを回さない」という大きな目的があったはずですが、こうした思いはなかなか伝わっていません。

谷垣　少し前に「就職氷河期」がありましたよね。大学は出たけど就職率が悪かった時代、若い方向けに開いた会合で、就職率を上げるためにどうすればいいか話をすると、とても関心を持ってくれた。ただ、若い方はさまざまな関心を持ってますから、こちらは「これだ」という決め打ちをやりにくい。根本は、プロの政治家が、日々の議論をもっとブラッシュアップしなければならないということですよ。

大島　選挙という現実に若い人たちをどう組織化するか、あるいは巻き込むかは難しい。今に限らず、ずーっとある課題だ。しかし、若い人たちは政治に関心がないのかっていうと、私はそうではないんだろうと思う。

若い人たちは「おらたちの時代どうなるんだ」っていうことに非常に関心がある。例えば税の将来の問題もそうだし、環境もそう。外交、安全保障もそう。

だから、一気に関心を高めることはできないにしても、新しい情報通信の手段も通じながら、絶えずアプローチしていく。どうやって問い掛けていくか。その努力を政党も個々の政治家もしていく必要がある。そういうことから地道な努力をして、少しずつでも高めていくしかない。

あれがなければ……

――本日はありがとうございました。

大島 たのしゅうございました。もう二時間ですか。

谷垣 そうですね。

大島 先生にご負担かけたんじゃないですか。

谷垣 とんでもないですよ。誠にこんな長時間、付き合っていただいて……。

――言い足りないことはありますか。大丈夫ですか。

大島 私はとにもかくにも、これだけは言っておく。自転車事故がなければ！

――なければ。

大島 首相、もしくは衆院議長には必ずなった先生だと。

谷垣 それを言われるとお恥ずかしい。誠に自らの不明を恥じるしかないんですよ。

大島 自転車はどうされました？　もう全部、処分されましたか。

谷垣 これをどう処分するかが大問題なんですよ。

大島　今、何台、あるんですか。

谷垣　この間、ちょっとリハビリで（自転車のある部屋に向かう）階段を下りろっていうんで行ったら、何台あったかな。でも、そこには女房のものも、娘のものもありますから、十何台あるのかな。

――聞こうか迷いましたが、谷垣さんが首相を目前にした総裁選に出ようとしたとき、チームを組んでいたはずの石原伸晃幹事長（当時）が手を挙げましたね。あのときはどう思われましたか。

谷垣　野党となり自民内に不満が鬱積《うっせき》していたとき、合意などをするものですから、本当に野田政権を倒す気があるのかとも思われていたのでしょう。新しい総裁に背負っていってほしいとも思ったのです。

――谷垣総裁時代は、岸田さんを国対委員長、石破茂さんや茂木敏充さんを政調会長、小池百合子さんは総務会長と次世代のリーダー候補を、育成も込めて多く要職に起用しましたね。

大島　そういう人材を、総裁がポジショニングしてやった。みんな、サーっと変わり身が早くて……。

谷垣　あんまりそこをうまく、適切にできたかどうかわからないけど……要するに私が総裁選に出られなかったのは、私の不徳の致すところもいろいろあってね。それは過去の行動から来るいろいろな人間関係もあるということですよ。

大島　だけどね、やらせたかったね。

谷垣　うれしいです。それはもう本当に。

大島　また来ます！

大島理森（おおしま・ただもり）
1946年、青森県八戸市生まれ。83年に衆院選に出馬し初当選。文相、農林水産相などを歴任し、自民党においては国対委員長を長く務めた。2009年、谷垣執行部の幹事長に就任し、10年からは副総裁として野党時代の自民党を支えた。15年に衆院議長。議長在職期間は歴代最長の2336日。21年衆院選に出馬せず政界を引退した。

特別対談

谷垣禎一×小林鷹之・元経済安全保障担当相（聞き手：水内茂幸）

「自民党は今何をすべきか」

谷垣　振り返ると、あなたから手紙をいただいたのは、野党になって、どうやってもう一回政権への道をつけるかというときでしたね。あのときは、それまで二百八十人ぐらいいた自民党の衆院議員が百二十人ぐらいになった。至るところに「もう一回再起したい」という人がいる一方で、「こんなに負けちゃとても再起もできない」「引退する」という人もたくさんいた。

私たちも新しい候補者を探し始めたのですが、率直に言うと、初めはもう「とてもこれでは国政を担う感じじゃない」という人しか来てくれなかったのです。負けると寂しいもので、公募しても手を挙げる人は乏しい。手を挙げるのは、とてもじゃないが、これで「自民党公認」ってわけにはいかないような人。最初はそういう悩みでした。

私に手紙が届いた後、あなたは駐在していたワシントンから帰ってきて、私のところに来てくださった。

小林　はい。

谷垣　あなたにお会いして、小林さんみたいな人が手を挙げてくれるなら、まだ自民党も捨てたもんじゃないなと思ったんですよね。本当に、選挙に負けて情けないことが多かったけど、あなたに来ていただいて、これならやれると思った。だから、この出会いは本当にありがたいことだったし、そう思わせてくれたあなたは恩人ですよ。その小林さんにこの対談を引き受けていただいた。大変喜んでいるんです。

小林　今日は対談にご指名いただき、本当に光栄です。谷垣先生のご支援がなければ、今の私はないと思っています。

谷垣　とんでもないです。

小林　手紙を出したとき、私はどういう気持ちだったか。当時は（勤務先の）財務省から在ワシントンの日本大使館に出ているところでした。一言で言うと、危機感に突き動かされていました。ワシントンに外交官として赴任したとき、自分が思っていた以上に、日本は同盟国・アメリカの中で存在感をなくしていました。私のカウンターパートの米国財務省の友人から、「ここで約束しても、日本の首相は来年また変わっているかもしれないだろう。約束に意味があるのか」と、冗談半分ではありますが言われました。

谷垣　なるほど。

小林　私は反論できませんでした。それは事実でしたから。本当に悔しい思いをしていました。当時（民主党への）政権交代がありましたが、ワシントンから見た日本の政権交代というのは、正直小さなコップの中で当時の自民党と民主党が内向きの争いに終始しているようにしか見えませんでした。

特に政権を取ろうとしていた民主党ですよね。例えば、米軍普天間飛行場（沖縄県宜野湾市）の名護《なご》市辺野古《へのこ》移設を巡り、「最低でも県外」「トラストミー」という言葉が出てきた。あの瞬間、私は大使館で、外務省や防衛省から来ている仲間とともに、日米関係がガタガタと音を立てて崩れていくのを肌で感じていました。

このままではまずい。私は、自由民主党の綱領にすごく共感するところがありました。日本のプレゼンスを上げるためにも、自民党を再生させていく一つの歯車というか、本当に小さな一助ですが、日本の可能性を切り開いていきたいと思いました。

手紙を送らせていただいたのは、確か二〇〇九年の九月です。谷垣先生が火中の栗を拾う形で総裁になった直後です。手紙には、今、私が申し上げた危機感と、「自民党を再生することを通じて日本の可能性に挑戦したい」という思いを書きつづった記憶があります。

当時、ワシントンの自宅で、便箋に何枚も書いた覚えがあります。送らせていただいたら、総裁にアポが入り、急いで休暇を取って日本に戻りました。

谷垣総裁に初めて面会するために自民党本部に行ったとき、総裁室のある党本部の四階が、がらーんとしていました。与党のときには考えられなかったぐらいに。

そして、総裁から「財務省という安定した職を捨てて、今のこの自民党から本気で挑戦するのか」と問われました。私は「やります」と当然申し上げたのですが、総裁が非常に喜んでくださったことは今でも鮮明に覚えております。

国内外の問題は表裏一体

谷垣　当時はもう一回、どういう風に政権への道を切り開けるかと試行錯誤していたときでした。自民党にいろいろなことがあって政権を降りざるを得なくなった。国民の信頼を受けられなくなった。その後、国際社会での日本の存在が、ある意味で鼎《かなえ》の軽重を問われるところに来ていた。

今、小林さんが渦中におられる自民党も相当批判を受けている。どうしていくか。もちろん岸田首相もそうですが、小林さんも非常に苦しんでおられると思うのですよ。（衆院選挙区の区割り変更などで）選挙区も変わる中で。

小林　はい。

谷垣　それは自民党にとっての危機であると同時に、日本の全体の危機ではないでしょうか。ウクライナで戦争があり、パレスチナでもイスラエルとハマスがああいう形で死闘を繰り広げている。第二次大戦以来となる国際秩序の大きな変動の時期です。これをどう落ち着かせて戦後秩序を作っていくか。まだ戦争の経緯もよくわかりませんが、そういうところに来ている。

第二次大戦直後には国際連合が作られ、ＩＭＦ（国際通貨基金）の金融体制も全部新しくなって、基軸通貨もドルに変わった。そういう中で、敗戦した日本がどういう風にそこに入っていけるのかという課題がありました。今度、ウクライナとパレスチナという二つの大きな戦争の後、国際秩序をどうつくっていくか。そこで日本がどういう役割を果たしていけるのかという問題が、まだ答えは出ていませんが、来ている。

そういう課題を突き付けられている中で、自民党は自分たちがどうやって信頼を回復していくかという問題も問われている。つまり、そういう国内政治の信頼の問題と、新しい国際秩序をつくらなきゃならないというのが、同時期に来ている気がするんですね。

そういうことを考えると、私が野党総裁になったときも今ほどじゃないけれど、「国際秩序の中で日本はどうするんだ」というのは、小林さんがワシントンでお感じになったように、かなり危険にさらされていた。

選挙に勝てるか勝てないか、それだけ「信頼を失っているかどうか」という問題と、「国際秩序の中でどうするか」という課題は、違うようでありながら、実は表裏一体。今、小林さんの話を聞いて感じました。

小林　その国際秩序という観点から申し上げますと、私は日本を世界をリードする国にしたいという強い思いを抱きながら、この十四年間政治活動を続けてきました。

日本は、多くの先人の努力のおかげで、外交的に「信頼」というアセット（資産）があります。世界から信頼され、国際秩序の形成に主体的に関与し貢献できる国であるし、あり続けなければならないと思っています。

今回のパレスチナとイスラエルの紛争にしても、ロシアのウクライナ侵略にしても、日本は米中のような超大国ではありませんが、日本だからこそ果たせる役割があると思いますし、それを果たしていかなければいけません。そうした力をさらに高めていくためにも、経済にしても、安全保障にしても、あるいは人づくり、教育にしても、国力全般を増していかなければいけないと思ってます。

ただ、日本が頑張らなければいけない状況にありながら、今、国内問題でこれだけ政治的に混乱状況にあるのは、決して望ましい状況ではありません。

「信なくば立たず」と昔から言われます。今日も私は地元を回ってきましたが、非常に痛感するところがあります。本来、世の中にきちんと目を配らなければいけない与党・自民党が、足元がガタついている状況で、余裕がなくなっている。

正直、政策を推進する力というかドライブがどうしても弱くなっています。早急に、こうした状況は解消していかないとなりません。

今、国際秩序は谷垣先生がおっしゃる通り、維持しようとする国と、それに挑戦する国とのせめぎ合いの中で、非常に流動的になっています。その中で、日本の国益をしっかり確保していかなければいけませんので、国内の政治的な混乱は、できるだけ速やかに。

谷垣　そうですね。

小林　なかなか難しい問題だと思うんですけれども、乗り越えていかないと国全体が本当におかしなことになってしまう。

谷垣　今回私がつくづく感じたのは、いつの時代もそうなんだろうけど、国際的な大きな戦争や紛争が起こったときに、国内政治が安定していることは、少ないのではないか。ウクライナは世界有数の食料輸出国でしょう。そこが戦争に巻き込まれ、そこからあまり食料が出てこないとなると、当然、いろいろな問題が起こってくる。

エネルギーだってロシアは輸出大国で、そこから金融面などいろいろ派生する問題が起きてくる。当然、国内政治もガタガタする。国際的な危機と国内政治は切り離されたものでなく、本当に一体です。そういうときに政治の信頼をどうやって得るか。いつの時代でも苦しい局面があると思う。

そういう中で、現役のホープである小林さんにはぜひ頑張っていただきたい。あんまりOBだから気楽なこと言っちゃいけないのですが。

自民一強が、緩みを生んだ

――今の自民党が信頼を取り戻すにはどうしたらいいのでしょうか。

谷垣　一つは、簡単に言えば裸になって、有権者というか国民の間に入っていくことをどう徹底するか。虚心にいろんなことを話すところから再出発するしかないのかな。

これは加藤紘一さんのアイデアでもあり、大島理森さんもそういう考えを持ってくれた。要するに、大勢で千人の人を集めて演説してもしようがない。マンツーマンとまでいかないにしても、本当に膝を接して語ることを繰り返そうと、野党総裁時代に思ったのです。

もちろん、野党だからできた面もあるとは思いますがね。ただ、国民に虚心に胸を開いて向き合っていくことを、まずやるべきではないか。抽象的ですが。

小林　二〇〇九年に谷垣総裁が始められた「ふるさと対話集会」ですね。十人ぐらいの方々と本当にきめ細やかにお一人お一人の生の声を聞くために全国をまわられました。それが二〇一二年の政権奪還につながったと評価されています。岸田総裁になってから

「車座対話」と名称は変わりましたが、今はそういう努力をしていく必要があると思います。

加えて、信頼を回復するために何が必要か。難しいのですが、政策を実現していくときに、自民党の中でも結構いろいろ議論をするわけですが、「一〇〇対〇」でみんなが賛成するという話は少ないです。

例えば、六十人は賛成するが四十人は反対する政策を進めていかないといけないときに、私は、政治家がその反対する四十人の方々の思いや考え方にどれだけ寄り添って、理解を求めていくのかというところが重要だと思います。時として政治家は国家の中長期的な視点から、賛成する人が少ない政策を押し通して実現していかなければいけないときもある。そういうときに、その必要性がさらに高まると思うのです。

政策にしても、今回の政治資金を巡る問題にしても、自民党としては、そうしたことを意識しながら国民に向き合っているつもりなのかもしれません。しかし、おそらく国民から見たら、自民党が国民と真摯《しんし》に向き合って、説明責任を果たしていると思われているかどうか。まだまだそこは、ご理解いただけていないのが現実だと思います。

説明を尽くした上でどれだけ理解を得られるのかもわかりません。それでも、しっかり説明を尽くしていく真摯さというか、謙虚さというか、そういったものをいま一度、与党であるからこそ戒めていかないとなりません。そうでなければ、今の政治不信はなかなか解消できないと、率直に思います。

——地元で活動する現場でも厳しさを感じますか。

小林　はい。私は今日もミニ集会をやってきましたし、駅にも早朝立つのですが、その体感温度は今の内閣支持率と一致します。支援者の皆さんは、自民党に対して厳しい意見を率直に言ってくださると同時に、「特に中堅や若手がもっと頑張れ」という叱咤《しった》激励をいただきます。そこは比較的温かみを感じるのですが、日頃、直接お話しできる関係にない有権者の多くの方は、やはり厳しい目で見ていると思います。

ただ、現在、自民党に代わって政権を担える政党があるのか。自民党が下野した二〇〇九年と違うところは、よく言われる通り、野党に対する期待感もないことです。つまるところ、選択肢がないと。

だから、今回の件にしても「自民党はもっと抜本的な対策を講じ、生まれ変われ」っていうメッセージをいただくことは多いですね。

谷垣　小林さんには恐らく選挙区でも、「この人はこれから自民党を背負い、日本の政治も背負っていく道を歩いてもらわなきゃ困る」と応援しておられる方が随分、いらっしゃると思う。そういう期待と励ましと、「何やってんだ」というお叱りもあるかもしれないけど。その声に応えて頑張っていくしか多分、道は開かれないでしょうね。

　ただ、私もここまで来るときに、ロッキード事件やリクルート事件、金丸事件とか、いろいろなものがあった。その都度、結構苦しい思いをしてきました。ただ、悪い言い方をすれば『喉元過ぎれば熱さを忘れる』みたいなこともあった。野党時代も、われわれは小林さんらに来てもらい、何とか次の選挙は勝つことができた。しかし、あれから十数年たって、そういう感覚も鈍ったのかもしれない。気を付けなければいけない。

――自民党が政権を取り戻して今年で十二年。往時の危機感は緩んできたのですか。

小林　そこはあったんじゃないですかね。民主党政権の三年三カ月をどう見るか。ありがたいことに国民の皆さまから「やっぱり自民党なんだ」という期待を持っていただいた。与党に返り咲いた後は、安倍総裁と谷垣幹事長体制を含め、世界の中で日本の存在感を高めることもできました。

　一つ一つの政策に賛成、反対双方があるにしても、日本の国力が高まったことを評価していただいたと思うんですよね。その半面、「自民党一強」の中で、批判のための批判はあれど、健全な野党が不在の状況が続きました。

私と同じ衆院当選四回の同期組で、初当選当初は百十九人いた仲間は今も結構な人数が、残っています。自民党であれば基本的に勝ててしまう選挙が続いてきました。ありがたいことですが、「緩み」を生んだ面は否めないと思います。当選を重ねても「魔の○回生」と呼ばれ続けました。

谷垣　回数が増えて。

小林　回数が増えていくだけで、常に批判をされる期でしたが、そういう言葉が出てくるのは、やはり緩みがあったと思うのです。

自民党という大きな組織を今後、どういう風にガバナンスするのか。みんな悩んでいると思うんですね。派閥もなくしてしまったので。試行錯誤で勉強会をやってみようとか、いろいろ試せば良いと思いますが、最終的には議員本人の自覚に尽きるんじゃないかと、個人的には思っています。曲がりなりにも数万票、あるいは十万を超える方に投票用紙に名前を書いていただき、国会に送っていただいている。一人一人が自覚を持ってやるしかないと思います。

「この人がそう言うなら」を生む議員力、人間力

谷垣　最終的に言えば、議員たるものは一人一人が自覚して、国民の信頼、それから日本の進むべき道を指し示していかなきゃいけない。それはその通りです。小林さんも、これまで閣僚もおやりになり、経験も踏んでこられたとは思うのですが、若いうちは私も先輩にいろんな指導を受けた。

「あのとき、ああいうことを教えてもらってありがたかった」と思うことは沢山あるんですね。同じ派閥でしょっちゅう一緒に顔を合わせている先輩から、随分、親身の指導をしていただいたと振り返ることもあります。そういうことまで派閥がなくてやっていけるのか。私は派閥の中で生きてきた面もありますから、不安も感じます。

新しい組織の在り方、人の育て方。そういうものを相当工夫しなければいけないと思うんですね。小林さんはもう当選四回で閣僚もおやりになったから、若い人の教育指導もおやりにならなきゃならない立場だと思いますが。

小林　私は「最終的には議員本人の自覚に尽きる」と申し上げましたが、谷垣先生がお

っしゃったように派閥がこれまで果たしてきた役割は、極めて重要だと思っている一人です。

自民党は今回の事件を受け、一月に「政治刷新本部」を立ち上げました。岸田総裁をはじめ、党幹部や多くの議員が出席して、党改革の在り方などを議論しました。私がその会合で申し上げたことの一つは、「今回の件は政治資金の問題であって、派閥そのものの問題ではない」ということです。

私は率直に考えを伝えたほうがいいと思いました。派閥がなくなること自体を否定するものではありません。大変生意気ですが、私が岸田総裁の前で申し上げたのは、「今回、総理総裁はご自身が率いた宏池会を突然『解散する』とおっしゃった。総理総裁の発言は極めて影響力が大きいのです。この発言の後、清和政策研究会（安倍派）、志帥会（二階派）と他の派閥も解散を決めていった。当然ですよね。

これまで派閥が果たしてきた役割はあったと思います。五十人の政党であれば、一堂に会して毎回毎回そのたびに意思形成を図ればいい。けれども、今の自民党のように四百人近くも議員がいたら、そんなことはできません。だからこそ、今回『派閥を解散する』という重大な発言を突如されるのであれば、少なくとも総裁自身がそれに代わる党のガバナンスをどういう風にやろうとしているのか、それをセットで示されるべきではなかったか。その方向性が同時に出されなかったことは残念に思います」ということです。

じゃあ、これからどうするのか。正直、今の時点でこうすればいいという仕組みはありません。

実は六年ぐらい前に「党政治改革実行本部」という組織におりました。当時、私は二回生だったんですが、党幹部から「議員力を高めるための方策を考えろ」と指示が下りてきました。

谷垣　なるほど。

小林　そもそも議員力とは何か。選挙力とか政策力とか、いろいろあると思ったのですが、つきつめていくと「教養力」なのではないかと。「教養とは何か」を、同僚と議論しながら考え提言を作りました。こうしたことをまずは議員自身が取り組んでいかなきゃいけない。

谷垣　そうですね。

小林　願わくは、これまでの派閥に代わる何らかの仕組みを作ればいいと思うんですが、正直、今の自分の中では明確なアイデアがありません。

谷垣　自分が自民党の中でどうやって前に進んできたかと考えますと、先輩にいろいろ言われたことは大いに役立った。加藤紘一さんが私にこう言ったんです。「俺たちの同世代で一番優れた人間の一人は藤波孝生だと思っている。谷垣の場合で言えば、例えば保利耕輔なんてのは、いろんなときに物事をよく考えて、しっかり行動する人間だ。保利耕輔みたいな人をいつもお前は見ていろ」と。藤波さんは中曽根内閣で官房長官をやりになった。

自民党の中で、あるいは国会でいろいろな危機が起きたとき、まとめていくのは大変です。それをやる場が議会だと思うんですよね。保利さんや大島さんは、それをやられた。

議会ってのは、与野党でぶつかることもある。だけど、ぶつかってばかりいたら話が進まないから、どこかで相手の言い分も呑んで、こちらが譲れるところは譲る。そういう作業をする場が議会、国会です。時には曲げて妥協したら、全然筋が通らないもんになっちゃったということもあるけど。

小林　はい。

谷垣　まとめることができる人がいないといけない。ただ激しい言葉で相手をののしるだけで終わってしまってはいけません。与野党ともにそういうことを考える人がいないと、やっぱり議会はうまくいかない。そういうことを、先輩の挙策を通じて教えていく。講義だけで教えてもらえるわけじゃない。先輩を見ていると「ああ、この人はこういうことを考えて工夫しているんだな」と思うことが何度かありました。

小林　私も先輩から教わったことがいろいろあります。例えば「政策に序列はないけれども、酒席、お酒の席には序列がある」とか。

谷垣　序列がある。なるほど。

小林　先生がおっしゃった通り、理屈のところと感情のところ。そこは非常に重要な話だと思います。日々の付き合いがあったからこそ、うまく落としどころができることもあります。

今回、自民党内では派閥は基本的に復活を禁止するような議論が進んでいます。しかし仮にそうなった場合、政治的にも、政策の実現についても、一人でできることなんて、私はほとんどないと思うのです。やはりグループは何らかの形でできると思います。

ただそれは、例えば政策ごとに問題意識を共有する仲間で議論し、高め合っていくことも必要でしょう。それは党内だけじゃなく、超党派でやってもいいわけです。そうして政策の実現を通じて仲間と切磋琢磨しつつ、いつも勉強ばっかりだとちょっと息苦しいので、たまにはお酒も飲みながら、お互いを理解し合う。そういう中で、うまく政治を回していく。そんなイメージを持っています。

谷垣　そうですよね。

――「賛成六割、反対四割」の政策があったとき、四割の反対の人に向けて説いていくのが議会という話にも通じますね。

小林　「六十・四十」で言いますと、四十の方に「こういう理由で今回やるんです」という理屈の説明は当然必要ですが、理屈だけでは人の心はなかなか動かないと思うんです。人には感情があります。有権者との関係でもそうですし、与野党の間でも、政治家同士の間でもそうでしょう。

私が申し上げるのは僭越《せんえつ》ですが、例えばいざというとき「頼む、こういうことで理解をしてほしい」と谷垣先生がおっしゃれば「谷垣先生だったらしようがない」という方は、たくさんいらっしゃる。そういう、人と人との生身のやりとり、ロゴスを超えたところのパトス。そういったものも政治家に求められるとは思いますね。

谷垣　従来ならば、全部ではないにしても、かなり派閥の中でそういうことを学んできた。多分、みんなそうだと思うんですね。派閥の弊害を解消したうえで、いかにして、その作用を果たしていけるようにするのか。相当工夫が必要でしょう。

小林　工夫が必要です。

谷垣　今は、「小林さんは今度はどういうふうに判断していくんだろう」と、若い人が見ていると思うんですよね。だから、ぜひ若い人にインパクトを与えるというか、若い人々の教科書に、といったら困るかもしれないけど、なってもらいたい。もうあなたもそういう存在におなりになっているわけだからね。

「小林さんは、なるほど、ここではこう考えて、こうしようとしているんだな」と。そういうオーラをどんどん出してもらわなきゃいけない。

小林　はい。

保守の思想とは「さじかげん」

――少しテーマを変えます。小林さんがホームページなどで書かれている、目指す国造

り論、あるいは「保守」はどうあるべきかという捉え方は、谷垣さんの考えと近いと感じることがあります。ちょっと解説していただけますか。

谷垣　そんな、私、立派なこと言っていないですよ。

小林　まず、私個人が目指す国造りの姿というのは、端的に言うと二つあります。「全ての日本人が日本人であることを誇りに思える国を造りたい」ということと、もう一つは、「世界から信頼をされ、世界をリードする日本にしたい」ということです。「歴史と伝統に根差して進歩を図る精神」ということも目指しています。

「保守」とか「保守主義」と言ったときに、いろいろな考え方や定義があると思います。社会が自由であることや民主政というのは非常に重要だと思うのですが、そこを守るためのアプローチの仕方が、「リベラル」と「保守」ではちょっと違うのかなと、私は思っています。

リベラルはどちらかというと、人間の知性に基づいて、法律や制度で自由や民主政を守っていく。それが私が思うところのリベラル。

一方、保守というのは、「自分の限界」とか「間違い得る存在である」ということを謙虚に認めることで、多くの先人たちの知恵や行為の結晶である「伝統的な規範」とか

「自省」とか「矜《きょう》持《じ》」といった法律や制度とは違うところで自由や民主政を担保していく。これが私の中での保守の考え方なんです。

保守主義の原点は、（十八世紀の英国の政治思想家の）エドマンド・バークの「人間は間違いを犯し得る不完全な存在」だからこそ、長い年月の風雪に耐え抜いて、それでも残っている「伝統的な規範」を重んじる考え方です。

伝統的な規範というと、例えば「自助」とか、家族や地域の「絆《きずな》」とか、あるいは恥を嫌う精神。いろいろあるのですが、そういったものを大切にすること。自分が過ちを犯し得ると認識するからこそ、権力の行使についても抑制的でなければいけないと思います。

保守主義とは伝統墨守《ぼくしゅ》ではありません。大切なものを守りながらも、急激な変化ではなく漸進《ぜんしん》的に、少しずつ進歩を図っていく。私はそういう考え方だと思っています。

<table>
<tr><th colspan="2">小林鷹之氏が目指す政治像の「本質」とは</th></tr>
<tr><td rowspan="3">我が国の
本質に立脚した形での
国創りを目指したい</td><td>•対立ではなく、和を尊ぶ精神</td></tr>
<tr><td>•安住と共に堕落するのではなく、
挑戦と共に
成長することを選ぶ精神</td></tr>
<tr><td>•革新ではなく、
歴史と伝統に根差して
進歩を図る精神</td></tr>
</table>

変化に富む世の中になり、五年先、十年先ってなかなか見通すことが難しい。それでも、政治家は中長期的な視点を持って、そこに向かってできるだけ先手を打って、船の舵を少しずつ切っていく。着実に時間をかけて、そういうところに行くことが必要だと思うのです。

いきなり右であったものを左にする、逆にする。最近の政治には、場当たり的な決断が気になることがあります。目の前に出てきた事象を右だ、左だと判断するだけで、どこに向かっているのかという視点が弱いときがある。そういう政治の在り方は改善していける。ちょっと抽象的ですみません。

――場当たり的な決断は、下手をするとポピュリズムに陥りかねません。

小林　ポピュリズムになり得る。というか、ポピュリズムに陥りつつあるからこそ場当たり的になる。政治がもう少しそこを冷静に見る必要があるんじゃないか。

谷垣　今の小林さんのお話は、非常に共感するところが多かったんですね。

世界の「リベラル」を見ていると、リベラルを強く主張する人たちは、「智に働けば角が立つ」っていうようなところがある。理屈で押していくところが多過ぎる気がするのです。

あるとき、私の選挙区で市長選に立つ候補者が演説しているのを見て、これだなと思ったことがありました。「山や、川や、草や、木にも皆、神や仏が宿るんだという、われわれの祖先が信じてきたことを――」って言うんですよ。

日本の保守主義っていうのは、山川草木《さんせんそうもく》が皆成仏《じょうぶつ》するんだとか、仏が宿っているのだっていうようなところがあります。このごろは言わない表現かもしれませんが、日本の保守主義には、そういうところが要るのかなと。

今のようなことも、小林さんのお話と、どこか共通するところがある気がするんですよね。

小林　まさに草木国土悉皆《しっかい》成仏みたいな世界ですよね。

谷垣　そうなんですよ。

小林　冒頭の谷垣先生の問いかけに戻りますけれども、こうした国際秩序が非常に揺らいでいる状況だからこそそういう考え方が大切だと思うのです。

西洋は（フランスの哲学者で合理主義者の祖といわれる）デカルト的な二元論で分けてしまいますが、日本は全て包摂的な考え方をする国。それが日本人だと思っています。今のようなちょっとギスギスした世の中だからこそ、日本が果たすべき役割や価値があるのではないか。

谷垣　先程につなげて言うと、用心しなければならないのは、「山川草木悉皆成仏」って言っていると何でも見透しちゃってね。いいのか、そんなとこまで緩めちゃってっていう感じも、なきにしもあらず。そのさじ加減はなかなか難しい。

小林　さじ加減ですね。

――日本の保守は寛容で、いろいろなものを包み込むといわれます。野党時代の自民党が提唱した「自助・共助・公助」という精神は、日本の保守に根差してきた党だからこそ、紡ぎだした言葉ではないでしょうか。

谷垣　あれは伊吹文明さんが随分考えてくれた精神です。これを踏まえ、新しい党綱領ができました。

小林　あの綱領は素晴らしかった。

谷垣　菅義偉さんも首相になられるとき、「自助・共助・公助」とおっしゃって随分野党から批判も受けましたが、このバランスは大事なんじゃないかな。私は基本的にそう思って、あのときの「伊吹教祖」に同感しているんですよ。

小林　自民党が野党だったときに作った新しい綱領を今でも読み返しますが、本当によくできていると思います。「自助・共助・公助」、このバランスと順番を間違えてはいけない。

例えば東日本大震災。あの時の日本人の共助あるいは公助は素晴らしいものがあったと思います。

まず、あの時の自助。想像を絶する状況に置かれた被災者の方々が、それでも自分の足で立とうと思われた。ああいう力強さに多くの日本人が共感し、胸を打たれたと思います。だからこそその姿を見て、自分も立ち上がろうと思い、自分が何かできないかと、人の心が動いたと思うんですよね。

なので、どういう状況でも、まずは自ら立とうとする姿勢は大切ですし、それがあってこその共助・公助なんだろうと思います。

この精神は、「国」を考えても当てはまると思っています。同盟国や同志国との連携は重要ですが、その前に、自分たちで立とうとする意思や力のない国が、本当の意味で他国と連携できるのか。まずは自分にできることは自分でやる。そういう姿勢が重要だと心底思います。

批判されることもありますが、谷垣先生がおっしゃるような価値観は、自分の中でしっかり持っていきたいとは思います。

谷垣　私は障害を負い、誰かに助けてもらわないとやっていけないという感じを今、強く持っているんですよね。介護のヘルパーさんや訪問看護の看護師さんにも来ていただかないとならない。そうなると、公助もないと、介護保険制度などでカバーしてもらわないと、とてもじゃないけど俺じゃできないということもある。

現代の介護ヘルパーさんが老人や障害者の家庭を助けるというのは、昔ならば隣近所などが担ったのかもしれませんが、今は社会のシステムとしてある程度できあがっている。だけど、自分で頑張って「できるだけいつまでも歩けるようにしよう」などという気持ちがないと、結局できるものもできないということをつくづく感じます。

前に手術してはじめに入った病院で、九十歳ぐらいのおばあさまがおられました。看護師さんが「さあ、これからお風呂に入りましょう」と言うと、「もういいわ。今日、私、お風呂に入らなくっても」と返す。「九十になっても、ちゃんとやれば筋肉が付きますから」と投げかけたら、そのおばあさんは「もう私、筋肉なんか付けなくていいわ」と答えた。

でも、おばあさんは看護師さんに再度言われ、「そう？」って言いながらお風呂に入って、また歩いてね。やっぱりそれぞれがないと、うまくいかないんですよ。公助だけでもうまくいかないし、自分で九十になっても筋肉を付けるっていうぐらいの気持ちがないといけない。

日本には成長できるポテンシャルがある

――これまでの日本は「失われた三十年」などといわれ、国力が弱った印象も受けます。今後は少子高齢化も急速に進む中で、国の成長をどう図っていくかも課題です。

谷垣　私もそれに便乗して小林さんにお尋ねしたい。私は一九四五年、戦争に負けた年に生まれました。高度経済成長を経験し、われわれの学校時代の同期も結構大会社に入り、そこで相当大事なポジションを担当し、会社の発展に貢献したクラスメートもおりました。

そういう奴が私のところへ来て、「おい、谷垣。お前、このごろ『失われた三十年』なんて言っているだろう。要するに、俺たちのやってきたことが失敗しちゃったと思われてんだよな」というんですよ。こういう感じがわれわれの世代にはある。うまくいったところもあるけど、うまくいかなかったところもあると。

それから、今は韓国でも、中国でも、日本でも人口が減少している。われわれが政治をやってきた時代は、(人口の多い)「団塊の世代」が年を取ったらどうするかというのが問題だった。それはある程度一生懸命取り組んだつもりですが、結局、今振り返ると、その後の少子化の問題にまで十分目が届かなかったところもある。そういうのも「失われた三十年」と結び付いているのかもしれない。

いつも友達に「おい、お前。『失われた三十年』の責任をどう考えているんだ」って言われるんですよね。どうしたらいいか、答えを小林さんに聞きたい。

小林 すごく大きなテーマなので、私が思っているところの本当に主だったところだけお話しします。

私はあまり心配していないのです。日本を世界をリードする国にしたいと、本気でずっと思っており、それはできると思っています。

次の若い世代を見ていると、人口は減ってきているものの、彼らの挑戦する意欲というのはやっぱりすごいと思います。

実は今日、持ってきましたこのお酒です。「SAKE　HUNDRED」という日本

日本の未来について語る小林氏（右）に聞き入る谷垣氏（左）（2024年3月、都内）

酒です。これは日本の国内だけでなく輸出も手掛け、世界的な品評会で高い評価も得ているんですよ。

谷垣　どこで造っているのですか。

小林　製造しているのはスタートアップの会社なんです。まだ若い方が。

――かっこいいですね。

小林　このお酒は、私の知り合いが造っているのですが、こうやって自分で会社を興して、世の中に新しい価値を生み出していこうという若者が今どんどん出てきています。

もう少し掘り下げれば、これからは何が起こってもおかしくない、不確実性の高い世界になっていくと思います。そこにはリスクがありますが、チャンスもある。そこで試されるのは、それこそ「人間力」だと思っています。その中で、自分の頭で考えて判断して、自分の意志で動いていく方たちが出てきている。そういう人材をこれからしっかりと教育で人づくりをしていく。これに真剣に取り組んでいけば、私は日本の将来はあると思っています。

「SAKE HUNDRED」は生駒龍史氏が手掛ける日本酒ブランド。2018年の創業以来、ミシュランの三ツ星レストランのシェフなどからも高い評価を得ている。

もう一つ、各論になってしまいますが、私が問題意識を持っているのが働き方改革です。

人口が減ってきている中で、今年は時間外労働の規制強化に伴う「二〇二四年問題」で、物流や建設、医療に携わる人材不足もいわれている。

一方で私が心配するのは、「ワーク・ライフ・バランス」を踏まえ、仕事に対する価値観や考え方も昔とは違ってきているとはいえ、例えば「自分はとことん働いて早く一人前になりたい」とか「少しでも成果を出して、もっとお金をもらっていい生活がしたい」、あるいは「次の自分の起業に投資したい」などと働く意欲旺盛《おうせい》な方がいる。それを一律で「あなたは何時間までしか働いちゃいけません」というのを続けていくことが、果たして本当に日本の国力の向上につながるのか。私はちょっと疑問を持ち始めております。せっかく働き方の方向性を変えたので、それを全て元に戻すならおかしな話になるのですが。働く意欲が旺盛な方には思う存分働いてもらっていいというような、現実的な修正をしていかないといけないんじゃないかなと考えています。

谷垣　なるほど。

小林　最後に、今、国がやるべきことは、一定のリスクテイクとビジョンを示すことだと思っています。基本的に経済というのは、各企業や個人が自分の創意工夫、意欲で引っ張っていく、リスクテイクして引っ張っていくものです。ただ、半導体がいい例ですが、いろんな国が国家戦略として位置付け、膨大な資金を投じて官民一体となってやっています。

その中で、半導体にしても、今後の宇宙産業にしても何でもいいのですが、国が十年先ぐらいのビジョンを民間とともに描いて示す。さらに、国がそのビジョンに対し、特に資金面でどれだけコミットするかも問われます。

一つの例として台湾の半導体メーカー「ＴＳＭＣ」が熊本に来て、北海道千歳《ちとせ》市に（日本の主要八企業が支援した半導体メーカーの）「ラピダス」が設立されました。今、両方の地域共に企業や人が集まり、専門学校もできて地域の活性化にも寄与しています。ここに至る過程では、私も含めた数人の議員と関係者で絵（わが国半導体産業復活の基本戦略）を描いたのですが、ビジョン、目指すところを示した上でそこに国がどれだけ資金的にコミットするか、明確に国の意思を世の中に示していくことで、民間企業や大学を含めたアカデミアが本気になれると思うんですよね。

それが政治の役割です。そういうことをやっていけば、当面は人口は減るんでしょうけれども、日本のポテンシャルを引き出せると思う。世界と勝負できる、勝負する日本というのはこれからも造っていけると思っています。もう本当に雑駁《ざっぱく》になってしまうんですけども。

谷垣　これからガンガン日本を引っ張っていただかなきゃならない小林さんが今おっしゃったことは、「失われた三十年で俺たちは何をやってきたんだろう」と時々悩む人間からすれば、非常に心強い思いをしました。ぜひ頑張っていただきたい。

小林　私、好きな絵があって、「指月布袋画賛《しげつほていがさん》」っていう禅の絵です。博多の聖福寺《しょうふくじ》というお寺の和尚さん（仙厓義梵《せんがいぎぼん》）が描いたものですが、布袋さんが指で空を指している。子どもはその指先を見ているんですけど、布袋さんが指しているのは（はるか遠くの天空にある）月なのです。

月は、「ビジョン」なのだと私は解釈しているのです。ビジョンを語るだけなら簡単ですが、そこにたどり着くのは難しい。政治として目の前でいろいろなことが動くからこそ、中期的にどこを目指すのか常に意識し、社会や国の「あらまほしき姿」を描く。そのうえで、今何をすべきかを考える。

難しいのですが、そういう思考を仲間と共有しながら、日本の政治をいい方向に持っていければと思います。谷垣総裁が火中の栗を拾い、野党自民党を立て直そうとしたときの思いというのは、あのとき、公募に応じた多くの仲間も同じように共有しているはずです。

谷垣　そう言っていただき、本当にうれしいです。ありがとうございます。

小林鷹之（こばやし・たかゆき）
1974年、千葉県生まれ。東京大学法学部卒業、ハーバード大学院修了。99年、大蔵省入省。2009年、在アメリカ日本大使館に一等書記官として出向中に政治家を志し、当時の谷垣総裁に手紙を送り、財務省を退職。自民党の公募に応じ、12年の第46回衆院選で初当選。以後、連続4選。21年、岸田内閣において経済安全保障担当相として初入閣を果たした。

あとがき

この書物は「刊行によせて」にあるように、二年前、産経新聞朝刊に連載された「話の肖像画」に大きく加筆したものだ。

『一片氷心《いっぺんひょうしん》』という書名については、担当編集者として大変ご苦労をいただいた扶桑社の村山悠太さんの提案である。

「一片氷心」の出典は『芙蓉楼《ふようろう》にて辛漸《しんぜん》を送る』という唐詩選にも収められた王昌齢の詩であることは言うまでもない。なぜこの題を提案していただいたのかと聞くと、私がどこかでこの言葉を揮毫《きごう》しているとのことであった。実はこの句は、私の師匠である宮澤喜一先生が揮毫を請われるとしばしばお書きになったものである。先生は人も知る見事な書をお書きになる方であった。金釘流の私がそんな大それたまねをしていたとは赤面の至りである。

この「一片氷心」という言葉は、涼やかな氷のごとき澄んだ心が玉の壺の中に収まっているという意に解釈されている。しかしある注釈では、友人の辛漸に向かって「洛陽の友人にあいつ、王昌齢はどうしていたかと聞かれたら、くさってなんかいなかったぞと答えてくれ」と言ったのだと解していた。「くさってなんかいないぞ」という口吻《こうふん》は「一片の冰心玉壺にあり」という清澄な表現と必ずしも調和しないような気もするが、今の政治の実情を見るとき「くさってなんかいられないぞ」という気味合いも込めてこの題名をつけることにした。

「話の肖像画」を作るにあたっては私の話を産経新聞の水内茂幸、豊田真由美両記者に聞き取っていただき、豊田さんが文章にしてくださった。大幅に増補して出版するにあたりその作業をお二人でまたやってくださった。長年にわたる番記者としてのお付き合いがあるとは言え、ここまで力を尽くしていただいたことに心から感謝を申し上げる。

今回の増補はこの二年間の政治情勢の変化に対応するものであるが、そのための対談を大島理森元衆院議長と小林鷹之元経済安全保障担当相に快くお引き受けいただいたことが極めて大きい。大島さんの幅広い経験と政治の動向を見抜く力、そして小林鷹之さんの現状に対する鋭い分析とこれからの展望。この二つがこの書物の価値を大きく高めていただいたと、お二人に心から感謝を申し上げる次第である。

二〇二四年五月　谷垣禎一

西暦	年齢	谷垣禎一の歩み	日本社会と政界
1945・3・7	0歳	東京都に生まれる	
1956・5・9	11歳		今西壽雄らがヒマラヤ・マナスルに初登頂
1957年	12歳	麻布中学校に入学	
1960・11・20	15歳	父・専一が第二十九回衆院選に出馬し、初当選	
1964年	19歳	一年の浪人の後、東大法学部に進学	
1969・1・18	23歳		東大安田講堂事件が起こる
1972年	27歳	東大法学部を八年がかりで卒業	
1979年	34歳	司法試験に七回めの受験で合格	
1980年	35歳	妻・佳子と結婚	
1982年4月	37歳	司法修習第三十四期を修了。弁護士となる	
1982年	37歳	長女誕生	
1983年5月	38歳	専一が議員引退を表明	

6・27	38歳	専一死去。七十一歳
8・7	38歳	父の後継として衆院旧京都二区補選に出馬し、初当選
12・18	38歳	第三十七回衆院選で再選
1984年	39歳	次女誕生
1986・7・6	41歳	第三十八回衆院選で三選
7・22	41歳	衆院議事進行係に就任
1988・1・28	43歳	竹下登改造内閣にて郵政政務次官に就任
1990・2・18	44歳	第三十九回衆院選で四選
2・28	44歳	第二次海部俊樹内閣にて防衛政務次官に就任
1991年1月	45歳	国民運動本部長代理就任（第二次海部改造内閣時）
1月	45歳	通信部会長代理就任（第二次海部改造内閣）
1991・11・8	46歳	衆院逓信委員長就任（宮澤喜一内閣）
1993・11・21	47歳	国対副委員長就任（宮澤改造内閣）

7・18	48歳	**第四十回衆院選で五選**	
8・9	48歳		細川護熙内閣発足。自民党史上初の下野
1994・6・30	49歳		自社さ連立政権の村山富市内閣発足
7・8	49歳	**連立与党院内総務就任**	
1995・9・29	50歳	**議院運営委員長就任**（村山改造内閣～橋本龍太郎内閣。九六年十月まで）	
1996・10・20	51歳	**第四十一回衆院選で六選**	
11・8	51歳	**党総務局長就任**（第二次橋本内閣）	
1997・9・11	52歳	**第二次橋本改造内閣で科学技術庁長官兼原子力委員長として初入閣**	
1998・7・31	53歳	**小渕恵三内閣において大蔵政務次官に就任**	
1999・9・21	54歳		総裁選で小渕が加藤紘一・山崎拓を破り再選
2000・2・25	54歳	**第二次小渕改造内閣にて金融再生委員長に就任**	
4・5	55歳		第一次森喜朗内閣発足
6・25	55歳	**第四十二回衆院選で七選**	

7・4	55歳	**金融再生委員長を退任**	第二次森内閣発足
7・12	55歳		そごうグループが経営破綻
11・20	55歳		「加藤の乱」が内閣不信任案否決により終結
12・5	55歳		第二次森改造内閣発足
2001・1・31	55歳		宏池会が加藤派と堀内派に分裂
4・26	56歳		第一次小泉純一郎内閣発足
2002・9・30	57歳	**第一次小泉改造内閣で国家公安委員長就任**	
11・8	57歳	**産業再生機構（仮称）担当相を兼務**	
2003・7・1	58歳	**食品安全担当相を兼務**	
9・22	58歳	**第一次小泉再改造内閣にて財務相就任**	
11・9	58歳	**第四十三回衆院選で八選**	
2005・9・11	60歳	**第四十四回衆院選で九選**	
9・26	60歳	**宏池会（旧加藤派）会長に選出**	

2006・2・10	60歳	モスクワで開かれたG8財務相会合に出席（同月十一日まで）	
9・20	61歳	総裁選に初出馬、三位も一〇二票を獲得	
9・26	61歳	小泉の総裁任期満了に伴い三年務めた財務相を退任	第一次安倍晋三内閣発足
2007・7・29	62歳		第二十一回参院選でねじれ国会に
9・24	62歳	政調会長に就任	
9・26	62歳		福田康夫内閣発足
2008・5・13	63歳	谷垣派と古賀派（旧堀内派）が合流。宏池会代表世話人に就任	
8・2	63歳	福田改造内閣において国交相就任	
9・24	63歳		麻生太郎内閣発足
2009・8・30	64歳	第四十五回衆院選で十選も、自民党は歴史的大敗	
9・16	64歳		鳩山由紀夫内閣発足
9・28	64歳	総裁選で河野太郎・西村康稔を破り第二十四代総裁に就任	
12・15	64歳	「ふるさと対話集会」の開始	

2010・1・24	64歳	第七十七回党大会で新綱領発表	
4・6	65歳	党内に「政権力委員会（ネクスト・ジャパン）」を設置	
4・10	65歳		与謝野馨らが「たちあがれ日本」を結党
4・23	65歳		舛添要一が「新党改革」結党
6・8	65歳		菅直人内閣発足
7・11	65歳	第二十二回参院選で勝利をおさめ、総裁続投を表明	
9・22	65歳	党内に「シャドウ・キャビネット」を設置	
2011・3・11	66歳		東日本大震災発生
3・19	66歳	菅首相から「大連立構想」の打診を受けるが拒否	
5・18	66歳	「東日本大震災復興再生基本法案」を衆院に提出	
6・13	66歳	妻・佳子が死去。六十六歳	
9・2	66歳		野田佳彦内閣発足
2012・1・8	66歳	野党党首としてベトナム、インドネシア訪問（同月十二日まで）	

5・18	67歳	「社会保障と税の一体改革」の三党合意が成立	
8・8	67歳	野田首相から「近いうちに信を問う」との合意を得る	
9・10	67歳	総裁選への不出馬表明	
9・26	67歳		総裁選で安倍晋三が選出
9・27	67歳		旧谷垣派系議員が宏池会を退会
10・4	67歳		岸田文雄が宏池会第九代会長に就任
10・31	67歳	旧谷垣派議員らが旗揚げした有隣会に顧問として参加	
12・16	67歳	第四十六回衆院選で十一選。政権復帰確定	
12・26	67歳	第二次安倍内閣発足。法相に就任	
2014・9・3	69歳	幹事長に就任（第二次安倍改造内閣）	
12・14	69歳	第四十七回衆院選で連続十二選を果たす	
2016・7・16	71歳	サイクリング中に事故、重傷を負う	
8・3	71歳	幹事長を辞任	

2017・9・20	72歳	政界引退を表明	
12・20	72歳	約一年五ヵ月におよぶ入院生活を終え退院	
2018・10・31	73歳	安倍首相、大島衆院議長と面会。二年三カ月ぶりに公の場へ姿を現す	
2019・5・29	74歳	東京2020パラリンピックの成功とバリアフリー推進に向けた懇談会の名誉顧問に就任	
11・7	74歳	旭日大綬章を授与される	
2021・8・24	76歳		東京2020パラリンピック開幕
9・21	76歳	総裁選に立候補した岸田元政調会長と面会	
10・4	76歳		第一次岸田内閣発足
2022・3・7	77歳	喜寿を迎える	

写真・画像提供
本田太郎衆院議員事務所、自由民主党本部、共同通信社、産経新聞社

本書は二〇二二年四月に産経新聞朝刊にて連載された「話の肖像画」全二十九回を加筆のうえ、再構成したものです。

特に注釈のないかぎり、肩書は二〇二四年五月現在のものを採用しております。また、特別対談の一部および年表では敬称略としました。

谷垣禎一　たにがき・さだかず

1945年生まれ。東京大学法学部卒。弁護士を経て、1983年、衆院議員初当選。以来、12回連続当選。京都5区選出。1997年、国務大臣兼科学技術庁長官として初入閣。その後、財務相や国交相などを歴任。自民党内においても政調会長などの要職を務め、2009年9月、総裁に就任。3年にわたる自民党の野党時代を支えた。2012年12月には第二次安倍内閣で法相に就任、また2014年9月からは総裁経験者としては異例ながら幹事長を務めた。2017年9月政界を引退。

水内茂幸　みずうち・しげゆき

1973年新潟県小千谷市生まれ。1999年、産経新聞社に入社し2005年から政治部。自民党谷垣派や、野党総裁当時の谷垣禎一氏の番記者を務める。政治部次長を経て、現在はデジタル報道部次長（政治担当）。

豊田真由美　とよだ・まゆみ

1983年生まれ。岐阜県出身。2006年、産経新聞社に入社。文化部、経済部などを経て2013年に政治部に配属され、谷垣氏の幹事長時代の番記者を務めた。2022年からデジタル報道部。

一片氷心《いつぺんひようしん》　谷垣禎一回顧録

発行日　2024年6月10日　初版第1刷発行

著　者　谷垣禎一
聞き手　水内茂幸、豊田真由美（産経新聞）

発行者　小池英彦
発行所　株式会社 扶桑社
〒105-8070
東京都港区海岸1-2-20　汐留ビルディング
電　話　03-5843-8842（編集）
03-5843-8143（メールセンター）
www.fusosha.co.jp

装　幀　岩郷重力＋Y.M.
印刷・製本　中央精版印刷株式会社

Printed in Japan　ISBN 978-4-594-09747-9
日本音楽著作権協会（出）許諾第2403196-401号